LA EMPRESA UBICUA

Juan Martitegui

Título: La Empresa Ubicua

© 2017, Juan Martitegui

© De los textos: Juan Martitegui

Ilustración de portada:

Revisión de estilo y Maquetación: www.escritoyhecho.com

1ª edición

¡¡IMPORTANTE!!

No tienes los derechos de Reproducción o Reventa de este Producto.

Este libro tiene © Todos los Derechos Reservados.

Antes de venderlo, publicarlo en parte o en su totalidad, modificarlo o distribuirlo de cualquier forma, te recomiendo que consultes al autor.

El autor no puede garantizarte que los resultados obtenidos por él mismo al aplicar las técnicas aquí descritas, vayan a ser los tuyos.

Básicamente por dos motivos:

Sólo tú sabes qué porcentaje de implicación aplicarás para implementar lo aprendido (a más implementación, más resultados).

Aunque aplicaras en la misma medida que él, tampoco es garantía de obtención de las mismas ganancias, ya que incluso podrías obtener más, dependiendo de tus habilidades para desarrollar nuevas técnicas a partir de las aquí descritas.

Aunque todas las precauciones se han tomado para verificar la exactitud de la información contenida en el presente documento, el autor y el editor no asumen ninguna responsabilidad por cualquier error u omisión.

No se asume responsabilidad por daños que puedan resultar del uso de la información que contiene.

Así pues, buen trabajo y mejores Éxitos.

TABLA DE CONTENIDOS

AGRADECIMIENTOS

Este libro no hubiera sido posible sin el apoyo y ayuda de todo el Equipo de Educatemia y VirtualiaNet. Gracias a todos por su apoyo y por, día a día, mostrar que se puede ser una Empresa Ubicua, tener éxito y hacer del mundo un lugar mejor.

Además, agradezco a Laura, mi editora, sin la cual este libro tampoco jamás hubiera visto la luz.

Por último, gracias Marina por acompañarme en este Mundo del Teletrabajo y las Empresas Sin Oficinas desde Siempre y a Pedro y a Felipe, por la paciencia que le tuvieron a Papá cuando no podía jugar al frisbee o a Mario Kart todo el tiempo que ustedes querían mientras escribía este libro.

¡Los quiero mucho!

Juan

PRÓLOGO

Se está produciendo un cambio radical en el mundo laboral.

El antiguo *contrato* que existía entre empresa y empleado ya no está sirviendo. Las nuevas generaciones, lideradas por los *Millennials* y sus cambios de preferencias, ven el contrato que sus padres y abuelos firmaron con gusto durante décadas y dicen: ***"Esto no me convence, yo no firmo."***

Este cambio de preferencias es bien profundo, pero lo que más afecta al mundo laboral es que las personas **ya no están dispuestas a relegar sus pasiones y deseos hasta después del retiro**.

Hoy los trabajadores están exigiendo a la empresa cosas que antes ni se hablaban.

Quieren sentirse identificados con la misión y el objetivo de la compañía.

Quieren ver el **impacto** de su trabajo.

Quieren tener flexibilidad total en sus horarios.

Quieren estar constantemente aprendiendo y experimentando cosas nuevas.

Y sí, también quieren mucho feedback de su trabajo y comentarios positivos en el medio.

Si no encuentran esto en la empresa donde están, por más importante, famosa y venerada que esta sea, no tienen problema en renunciar e irse a otro lado.

Un ejemplo donde se refleja esto claramente es en el *commuting*.

La gente no quiere perder horas de su vida yendo y viniendo del trabajo todos los días y priorizan su salud y su calidad de vida antes que tener un trabajo con mejor sueldo pero que requiere dos horas más de viaje.

Esto es particularmente cierto en América Latina, donde las ciudades no hacen más que crecer y las opciones de transporte público son, en general, bastante deficientes.

Nosotros, en *Workana*, trabajamos con cientos de miles de freelancers y respiramos este cambio todos los días.

Al hablar con los freelancers nos damos cuenta de que están mucho más felices por tener **independencia** y **control** sobre su desarrollo profesional y poder equilibrar mucho mejor **trabajo** y **familia**.

Eso hace que estén mucho más **comprometidos con lo que hacen**, que se preocupen por el resultado final de su trabajo y por mejorar continuamente, y a su vez, genera que las empresas tengan **mejores resultados**.

No paramos de escuchar por parte de todas las empresas, frases como: *"La gente es nuestro principal recurso..." "Nos desvivimos por nuestros empleados..."* Y más variaciones de estas. Pero, en realidad, para la mayoría es solo un dicho y no actúan en consecuencia.

Hay algo de lo que estamos completamente seguros, ¡este cambio es imparable!

No tenemos dudas de que en el futuro, factores como el teletrabajo van a ser la norma. Pero, al igual que con todo **cambio**, existirán empresas que lo adopten y se beneficien de ello y empresas que se nieguen y debido a ello, no consigan reclutar al mejor talento y se vayan quedando, *inevitablemente*, atrás.

Si no quieres quedar relegado, si quieres entender mejor qué cosas están cambiando y cómo aprovecharlas mejor o si buscas ayuda para armar tus argumentos y convencer a tu empresa de que se una a este nuevo mundo, te recomiendo este libro.

En él, Juan hace un excelente trabajo al contarte todo esto con todo lujo de detalles, por lo que, con el mero hecho de leerlo, ya estarás un paso por delante del resto, así que…

¡Aprovéchalo!

Tomas O'Farrell

Fundador de Workana.com

@tomasofarrell

INTRODUCCIÓN

Las aerolíneas American Airlines y JetBlue, la petrolera Repsol, la cadena de hoteles Hilton, el banco Citi, la proveedora de tarjetas de crédito American Express…

Todas tienen algo en común, **todas se valen de personal que trabaja desde la comodidad de sus hogares y aclama los beneficios de hacerlo**.

Hasta hace un tiempo, hablar del **teletrabajo** parecía estar ligado a pequeños emprendedores y profesionales independientes o a quienes buscaban crear un negocio en Internet, ya que era la forma más sencilla de despegar sin tener una oficina física.

Hoy, **el teletrabajo está llegando a las grandes empresas y multinacionales** y se comienzan a publicar sus beneficios:

Mayores ganancias.

Un equipo de trabajo feliz e implicado en sus tareas.

Trabajadores apasionados, verdaderos especialistas.

Empleados más productivos.

Menor impacto medioambiental.

Mayor calidad de vida.

Son los mismos CEO de estas empresas los que reportan los **mejores resultados** y animan a otras a subirse a **la ola del futuro**.

Pero, hay tantas hojas en blanco en este libro y tantos capítulos por escribir todavía en la historia del teletrabajo que, lejos de creerme el único abanderado de esta misión, creo que es mi deber aportar lo que sé al respecto.

Hace ya algunos años fundé *VirtualiaNet,* la **Academia de las Nuevas Profesiones de Internet**, porque me asombraba que tan pocas personas conocieran sus oportunidades en esta modalidad de trabajo.

Además, había mucho trabajo por hacer respecto a la desmitificación de "**ganar dinero en Internet**".

Gran parte de las personas creía que era un sueño o que era algo imposible.

Otras, lamentablemente, ya se habían topado con estafadores.

Hoy en día, ya son más de 20.000 las personas que se han formado en *VirtualiaNet* en los últimos cuatro años y todos ellos ya están tele trabajando *part-time*, tomando proyectos aislados o formando parte del equipo virtual de una empresa desde la comodidad de sus hogares.

Respecto a esto último, quiero contar algo acerca de formar una empresa con una totalidad de **empleados virtuales**, porque **así es *Educatemia,* la empresa que he creado** y sé que no es la única **empresa ubicua** que existe.

Así es, hablo de una empresa ubicua porque no es una empresa "virtual".

Es real y tangible pero...

¿Su oficina física?

¡Casi siempre está vacía!

El término **ubicuo** se utiliza para referirse a: *"lo que está en distintos lugares de forma simultánea y en continuo movimiento."*

Gracias a los avances de la tecnología, hoy estamos todos conectados a la red, sin importar el lugar, ni la zona horaria.

Pero lejos de ensalzar esta utopía futurista en que estamos viviendo, detengámonos solo por unos instantes en estas líneas:

Libertad: Lo que busca la mayoría de los trabajadores.

Velocidad: Lo que necesitan nuestros clientes.

Productividad: Lo que precisamos todos.

Movilidad: Lo que aclama la nueva generación de talentos.

¿Suena prometedor, verdad?

¿Y qué tal si te digo que puedo explicarte en este libro por qué **esos 4 factores hacen de la empresa ubicua, la empresa del futuro**?

Ese es mi desafío.

Pero primero, antes de continuar, te contaré algo acerca de mi historia y cómo he llegado hasta aquí...

CAPÍTULO I.

LAS TENDENCIAS

Algunos datos acerca de mi historia...

Hace algunos años, viví en carne propia la revolución de una empresa virtual, una empresa diferente, una empresa ubicua, cuando tuve la posibilidad de viajar a Malasia y unirme a *Mindvalley*.

Mindvalley es hoy en día una de las editoriales digitales más grandes del mundo y está enfocada en la educación y el desarrollo personal y profesional de las personas.

Ayudar a esta empresa a crecer de 12 a 60 empleados en Malasia, fue una experiencia que abrió mis ojos y en ese momento, despertó en mí la idea de emprender un negocio propio para traer estos productos que estaban cambiando la vida de tantas personas, al público de habla hispana.

El primer desafío que tuve que enfrentar fue el hecho de que ¡estaba en Kuala Lumpur! Así que, contando a mi esposa, éramos las únicas dos personas que conocíamos que hablaran el español.

Así fue cómo descubrí el mundo de los teletrabajadores de forma "accidental", debido a la necesidad de encontrar personas para mi empresa que hablaran español y a día de hoy, puedo decirte que esta experiencia ha sido parte fundamental de la cultura de *Educatemia*, mi empresa.

Educatemia (ex-*Mindvalley Hispano*) está integrada por más de una veintena de personas trabajando en staff desde sus casas, en distintos lugares del mundo y junto a entre diez a quince freelancers que trabajan con nosotros a destajo o de forma más esporádica.

Así comenzó mi camino, formando mi empresa ubicua sin querer queriendo y muy pronto, comencé a sumergirme más en el mundo del teletrabajo.

Fue entonces cuando descubrí que esto, que en un principio parecía una situación adversa para mí, era la situación ideal para muchas personas y una tendencia en crecimiento.

Por qué nos movemos hacia el teletrabajo

El teletrabajo nos obliga a **organizarnos y relacionarnos de otra forma**.

Lo interesante es que **cualquier empresa puede valerse del teletrabajo**, sin importar su tamaño, ya que desde una multinacional hasta un *solo-entrepreneur,* pueden contratar a un teletrabajador para que cumpla una tarea determinada.

Sin embargo, que nuestra empresa comience a funcionar de forma ubicua implica un gran desafío...

La primera afirmación es que la **empresa ubicua** debe medir el trabajo teniendo en cuenta **objetivos y propósitos** en lugar de horas de permanencia en un lugar de trabajo.

Trabajar en una oficina, en la mayoría de los casos implica sufrir **interrupciones** que pueden hacer que el trabajo deje de ser fluido y dado que actualmente nos movemos hacia una necesidad creciente de **ser más creativos** en lo que hacemos, no hay nada que merme más la creatividad que las interrupciones constantes.

Como explicó *Jason Fried*, cofundador de *37signals*, en una charla TED: ***"Gran parte del trabajo, no ocurre en el trabajo."***

Ante esta situación, el primer gran miedo que tuve que erradicar fue el hecho de **no poder comprobar que los teletrabajadores estuvieran trabajando**, ya que pensaba, en relación con la charla de *Fried*, que en casa tienen mayores distracciones como la televisión, los demás habitantes de la casa, mascotas...

El segundo gran miedo era el **no poder controlar estas distracciones por no estar presente**, pero ver la charla completa me abrió los ojos.

Claro que el teletrabajador tiene distracciones, pero son distracciones que **se eligen, se manejan y se distribuyen** a lo largo de la jornada laboral.

¿Qué quiero decir con esto?

Que en una oficina física, las **distracciones son de carácter obligatorio** (reuniones de personal, meetings, interrupciones de compañeros, de superiores, llamadas, etc.).

Nos movemos hacia el teletrabajo porque, entre otras cosas, habilita que el **tiempo** y el **estar físicamente** trabajando en un lugar, **dejen de ser criterios relevantes** para medir el trabajo.

Como explicaba, la empresa ubicua mide el trabajo en objetivos y propósitos a cumplir. Si bien se estipulan fechas de entrega entre el empleador y el teletrabajador, los **horarios** no son estrictos y las distracciones, dejan de ser un problema, ya que es el teletrabajador mismo quien realiza un autocontrol de su jornada y su productividad, dejando de lado la **necesidad de "controlar"** por parte del empleador.

El mercado laboral está cambiando a pasos agigantados, se ha vuelto mucho más global y se han derribado fronteras gracias a las nuevas formas de comunicación. Por tanto, **trabajar** en esta nueva modalidad ya no tiene que ver con un lugar o con una cantidad de horas mesurables, sino con lo que realmente es: **una actividad para cumplir un objetivo.**

¿Qué dicen las tendencias?

En una generación donde **la tecnología e Internet están al alcance de todos**, es lógico pensar que las personas se valgan de estas nuevas posibilidades tanto **en el ámbito personal como en el laboral**.

Lo que sigue entonces es que, ante la evolución de la tecnología, **las empresas se actualicen también y empiecen a utilizarla de forma estratégica**.

Parece no haber otra opción que actualizarse constantemente para no quedar atrás ante el crecimiento de Internet y estamos rodeados de herramientas propias de una generación que aboga por la **movilidad**, por lo más **visual** y la **comunicación** a través de las múltiples redes sociales que se utilizan en la actualidad.

De acuerdo a un estudio realizado por el Equipo de Desarrollo de Negocios *KPCB,* la cantidad de usuarios de Internet ha experimentado un aumento en los últimos 10 años de manera tal, que en 2017 el 50% de la población mundial son asiduos visitantes de la red.

Son muchas las **empresas que actualmente se valen de este aumento en el uso de Internet** y los **nuevos dispositivos** de conexión, para generar más ganancias y por supuesto, competir en este nuevo escenario.

De hecho, empresas reconocidas como *Google, Facebook y Netflix* (entre otras) están basadas completamente en Internet.

La mayoría de las empresas se están volcando en utilizar las nuevas tecnologías, bien para ofrecer sus productos y servicios de forma virtual, bien para ofrecer soporte técnico y/o atención al cliente o bien para difundirse en las redes sociales y realizar campañas publicitarias en el medio.

La razón de esto es sencilla, con el desarrollo de la tecnología **hemos visto surgir a la generación de los *Millennials*.**

Esta generación ha crecido con Internet y teniendo siempre al alcance de su mano un dispositivo conectado prácticamente 24 horas durante 7 días a la semana, gracias a los *smartphones* y los millones de aplicaciones que se han ido desarrollando desde 2008 aproximadamente.

Pero, los Millennials **no son simplemente "el público"** al que debemos hacer llegar los productos o servicios de nuestra empresa.

Ellos **son los presentes y futuros empleados** de la misma.

Una generación de mente más abierta y globalizada, donde no importa su cultura o el lugar donde se encuentren, sino la **meta en común** que tengan y que los "conecte".

Las tendencias muestran que estas personas que han nacido con Internet y la tecnología como partes fundamentales de sus vidas, están más abocadas a **trabajar de forma independiente,** siendo "sus propios jefes" a través de la **modalidad del teletrabajo** y el **"freelancing".**

El **teletrabajo**, entonces, parece estar convirtiéndose poco a poco en la mejor forma de trabajo, tanto para los individuos como para las empresas, algo de lo que te hablaré un poco más adelante.

Los Millennials, esta generación cuya premisa es la de ser más tolerantes y proactivos que las generaciones anteriores, **tienen otra concepción del trabajo**.

Mientras que antes la idea del trabajo era más lineal, conservadora y se mantenía en un orden jerárquico y rígido en un espacio definido, ahora se apunta a la **movilidad**, la **horizontalidad** y el **desafío**.

El mundo del trabajo está cambiando y los nuevos trabajadores comienzan a exigir el poder formar parte **con sus propias condiciones**.

Llega el momento pues, de mostrar que **podemos beneficiarnos de esta nueva realidad**.

El cambio no solo es posible... Es necesario

El trabajo a través de Internet, me ha permitido experimentar cosas antes impensadas, como **compartir un proyecto con un empleado en España y otro en Estados Unidos, mientras estaba en Malasia**.

Era increíble el solo hecho de pensar que estábamos **conectados en tiempo real** e incluso, mucho más en contacto de lo que he estado con personas que trabajaban en distintos pisos de un mismo edificio, cuando formé parte de algunas multinacionales.

Mi experiencia, sin duda alguna, no es de las más comunes, pero lo que me resulta fascinante es que **lo que he aprendido puede extrapolarse a cualquier otra empresa**, así tenga una localización física específica o no.

Con el tiempo, además, he aprendido distintas formas de liderar a mis equipos a través de Internet:

Utilizando herramientas específicas para la gestión de tareas.

Automatizando y bajando el tiempo que insumen los procesos de contratación.

Mejorando la productividad a partir de técnicas reconocidas y probadas.

Atrayendo a los mejores talentos.

Y los beneficios no han sido solo para la empresa. Los **beneficios del teletrabajo** se extienden también a los empleados, que no tienen necesidad de estar en un lugar físico específico para trabajar (con los costos y percances que esto implica), que pueden alimentarse de forma saludable, evitar atascos de tránsito, pasar más tiempo con sus seres queridos y a la vez, desarrollarse como profesionales.

El mundo del teletrabajo crece cada día más y más. Tanto, que la empresa de tecnología *Contently* ha reportado en un estudio realizado en los Estados Unidos, que **para 2020 más de un 40% de las personas trabajarán de esta forma**.

Además, las nuevas generaciones harán que **la necesidad de ofrecer esta modalidad de empleo sea imperiosa**.

Casi un 65% de los teletrabajadores encuestados expresan que **son más felices que en su trabajo anterior** y un 67% de ellos afirma que piensan continuar trabajando en esta modalidad al menos 10 años más.

Estos datos me llevan a pensar que, esta tendencia se acelerará cada día más.

In the past year, do you think your life as a freelancer has...?

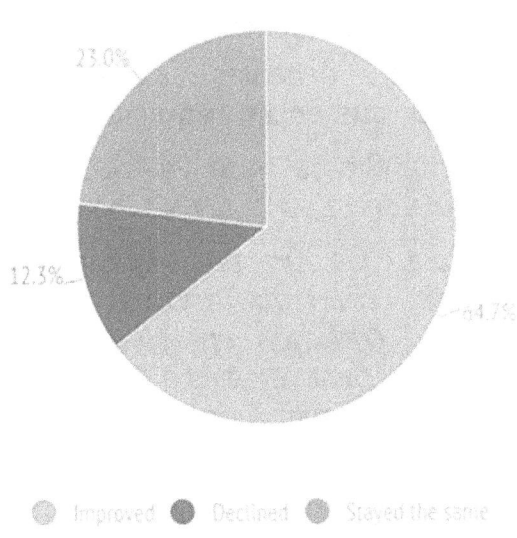

Improved ● Declined ● Stayed the same

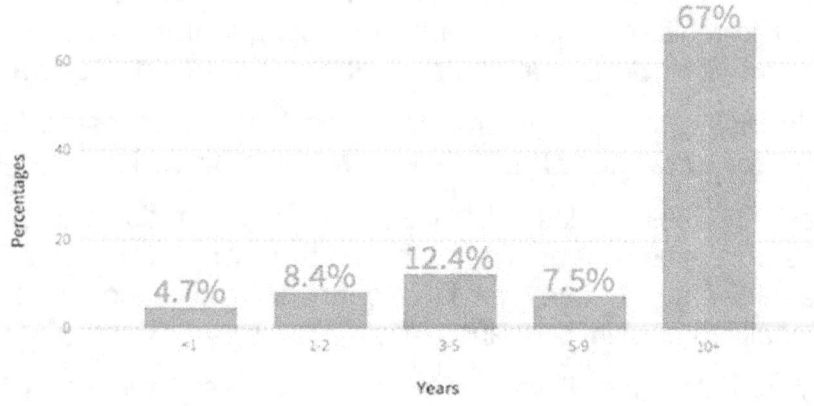

How long do you plan on freelancing?

Algunas de las grandes empresas ya se han adelantado y han comenzado a testear esta modalidad de trabajo **permitiendo a sus empleados un día de *home office*** y otras tantas, han otorgado este beneficio a sus empleadas luego de un embarazo.

Visto esto, no nos queda más que pensar que, si queremos atraer talento, debemos **aprender a darles las flexibilidades que están requiriendo.**

Tal y como explicaba hace ya algunos años *Matt Cooper*, Vicepresidente de *oDesk* a *CNBC:*

*"Hoy en día, las grandes compañías **no solo están contratando teletrabajadores para proyectos de tecnología o trabajos creativos de una sola vez**, se están inclinando cada vez más a tomar freelancers como parte de su staff permanente para realizar tareas más complejas y comprometidas."*

Pero no todo es siempre tan ideal como lo presentan, ¿verdad?

Poco tiempo después de haber publicado mi libro *"Las Nuevas Profesiones de Internet"*, empecé a recibir algunos e-mails de lectores y comentarios en Facebook, en su gran mayoría positivos, pero una parte de ellos presentó una duda en particular.

Si bien, en ese libro procuré ser lo más concreto y exhaustivo posible a la hora de mostrar el tema de manera práctica y ofrecer pruebas de ello, me encontré con que aún quedaban dudas acerca de un tema que no había tocado mucho.

Lo cierto es que esa duda de los lectores tiene relación directa con una gran incógnita que también generan las nuevas formas de trabajo en los empresarios: **el fantasma de la "seguridad laboral".**

Esto se traduce en que, mientras que una gran parte de quienes quieren teletrabajar, **temen no tener seguridad laboral** y poner en riesgo su economía, los empresarios **temen poner en riesgo su empresa** trabajando con personas que pueden ser **"fantasmas".**

Esto me da pie a aclarar que, las historias de estafas en Internet abundan, pero **¡las historias de éxito también!**

Es cierto que la ley está avanzando mucho más lentamente de lo que evoluciona el mercado laboral, pero esto no implica que estemos "arriesgando" nada, si aprendemos a manejarnos en este nuevo territorio.

Nuevos desafíos a enfrentar

Nadie está formando adecuadamente a las empresas acerca de cómo llevar adelante este cambio. Es más, se evita hablar del tema porque aún hay muchos prejuicios rondando a su alrededor.

Entre los que he oído miles de veces están:

"Buscan estos trabajos quienes no consiguen uno convencional."

"Eso es trabajo en negro."

"Si no vienen a la oficina, ¿cómo comprobamos que estén trabajando?"

Todos estos prejuicios **tienen una razón de ser,** pero también tienen una explicación adecuada y una táctica que evita los "peligros" que presuponen, **aprender,** en la medida de lo posible, **la forma correcta de comunicarse y evolucionar como líderes** para guiar a nuestros equipos, ya sea que estén dos pisos arriba de nuestra oficina o en otro país.

¿Por qué debemos hacerlo?

Por una sencilla razón, aquellas empresas que no se adapten al cambio, pronto van a estar en **desventaja competitiva** perdiendo la oportunidad de reclutar gente talentosa y productiva que prefiere trabajar desde una playa en Brasil, en lugar de la oficina en el centro de la ciudad.

Suena exagerado, lo sé. Pero, créase o no, esta posibilidad existe y lo más lógico es que los mejores talentos comiencen a hacer uso de ella.

Recapitulando

El Teletrabajo está llegando a las grandes empresas y ya ha dejado de ser una modalidad solo para trabajos de IT o esporádicos.

Libertad, Velocidad, Productividad y Movilidad hacen de la empresa ubicua, la empresa del futuro.

La Empresa Ubicua mide el trabajo en objetivos y propósitos, dejando atrás las "horas laborales", el espacio físico de trabajo y el control que estos implican.

Los nuevos talentos prefieren el Teletrabajo por sus beneficios. El desafío de las empresas será adecuarse a esta nueva modalidad y sacarle provecho.

Últimos estudios acerca de las tendencias:

Para conocer mejor las estadísticas de la nueva modalidad de trabajo, te recomiendo visitar estos links:

Freelancing in America 2015 - Upwork

The state of freelancing in 2015 - Contently

Freelancer Income Survey 2015 - Payoneer

Quise comenzar este libro por las tendencias para aclarar conceptos, ya que todavía existe mucha gente a la que le sigue pareciendo extraño que el teletrabajo esté tan instaurado.

Y una vez aclarados los conceptos básicos de por qué cada vez funciona el teletrabajo más y mejor, es momento de pasar al siguiente capítulo donde te contaré que, aunque el cambio es necesario, es necesario que antes se conozcan los desafíos que implica.

¿Vamos allá?

CAPÍTULO II.

EL DESAFÍO

Nunca había soñado con tener mi propia empresa, pero poco a poco, la vida me fue preparando para lograrlo.

Obtuve mi diploma universitario y durante muchos años trabajé como empleado a tiempo completo en algunas de las multinacionales más reconocidas de mi país. Sin embargo, escalar en ellas no era una meta que me obsesionara.

Tiempo después, comencé mi trabajo como COO en *Mindvalley* y el viaje a Malasia del que ya he hablado en páginas anteriores.

Mi espíritu emprendedor comenzó a avivarse en ese momento y aunque tuve mis fracasos, poco a poco fui encontrando mi lugar.

Cuando fundé *Mindvalley Hispano* en 2009, tras haber hecho crecer a *Mindvalley*, el tiempo comenzó a volverse mi recurso más escaso, por ello tomé la decisión de que mi empresa debía crecer y yo necesitaba contratar empleados para que me ayudaran a llevarla adelante.

Alquilé una oficina modesta en una zona muy concurrida de la ciudad.

Utilicé mis ahorros para amueblarla, solicitar los servicios y comprar los equipos necesarios para trabajar.

Y cuando lo tenía todo listo, comencé con mi búsqueda de empleados.

Publiqué avisos en las bolsas de empleos web, en periódicos, contacté a mis colegas para que me recomendaran gente, etc.

Y realicé varias entrevistas... Pero los talentos ideales para mi creciente negocio no aparecían. Además, la barrera del idioma en Malasia era prácticamente infranqueable.

Esto motivó que el teletrabajo empezara a rondar en mi mente.

¿Qué más podía hacer?

¿Desistía de mi idea de tener mi propio negocio?

¿Perdía todo el dinero invertido?

¿O le daba la oportunidad de trabajar en mi empresa a alguna persona del otro lado del mundo?

Cuanto más lo pensaba, más me convencía de que la mejor manera de hacer que mi empresa creciera era contratando teletrabajadores, pero el desafío era grande y no sabía cómo afrontarlo.

Las primeras interrogantes

Antes de tomar la decisión de comenzar a buscar teletrabajadores, investigué cómo estaba el mercado laboral y me encontré con estadísticas impresionantes (aunque menos impresionantes que las que ya hemos visto).

Según *Forbes*, la *Oficina de Contabilidad Gubernamental* de Estados Unidos, en 2006 **el 30% del total de los trabajadores eran freelancers** y el número crecía.

En Internet había un gran número de profesionales dispuestos a trabajar en mi proyecto, pero no dejaba de preguntarme:

"¿Qué voy a hacer cuando tengan otros compromisos y no puedan atender a mis llamadas?"

"¿Cómo decidiré cuánto y cómo pagarles?"

"¿Qué haré en el caso de que el teletrabajador que escoja, a pesar de tener un muy buen portafolio y referencias, no congenie conmigo?"

"¿Cómo podré supervisar su trabajo mientras lo hace?"

Y sobre todo, el desafío al que me enfrentaba era **cómo hacer que este proyecto se transformara en una empresa real** y qué características debía tener para funcionar "en la nube".

Por el momento, los dos únicos profesionales dispuestos a trabajar para mí que tenía, los había encontrado a mi alrededor.

Sin embargo, a la hora de encontrar **profesionales en áreas más específicas** e hispanohablantes, no tenía nada.

Fue entonces cuando empecé a hacer uso de los **sitios web especializados en conectar freelancers y clientes**. Las opciones eran muchas y tan solo debía buscarlas en Internet y revisar los feedbacks que tenían.

Entre sus ventajas está el hecho de que, con solo crearte un usuario, te puedes poner en contacto con **profesionales capacitados y especializados de todo el planeta**.

Además, la gran mayoría cuentan con **métodos de pago seguros** que protegen, tanto al trabajador como al empleador.

En mi caso, mientras estuve en Malasia, cuando necesité traductores al español y editores con experiencia que pudieran ayudarme con estos trabajos, ponía propuestas en estos sitios y esperaba a dar con el freelancer ideal.

Y así, muchas de mis preguntas comenzaron a responderse por sí solas.

Los precios de los servicios se acordaban entre las dos partes y comencé a explorar las herramientas disponibles para comunicarme con ellos.

También aprendí que es importante no decantarse por el freelancer más económico, ya que la experiencia y calidad del trabajo deben ser la prioridad.

Quizá la dificultad más grande que enfrentaba era la **comunicación con el trabajador a distancia**.

Tal y como sucede en cualquier empresa, el trato y la comunicación entre un trabajador y su empleador son fundamentales para que los resultados sean óptimos.

Sin embargo, esto parece convertirse en todo un reto cuando las dos partes no están bajo el mismo techo.

La **comunicación debe ser clara y concisa** desde el comienzo.

Como cliente, yo debía dejar establecidas las pautas específicas que necesitaba para cada trabajo y cuándo debían ser entregadas las tareas.

El freelancer, por su parte, debía ser claro en su forma de trabajar, la disponibilidad que tenía y cuánto tiempo le costaba completar el trabajo.

Y no solo eso, durante el desarrollo del trabajo, debíamos seguir comunicándonos, planteándonos preguntas y dándonos respuestas.

Pero había una duda que persistía en mi cabeza, **¿qué pasaría si el teletrabajador y yo no congeniábamos tras haber concretado una oferta de trabajo?**

Era una duda razonable, o eso me parecía a mí, ya que varias veces en mi trayectoria laboral, mis jefes y yo no logramos comunicarnos de forma correcta y opté por renunciar al trabajo en cuanto noté que las cosas no iban como esperaba.

Hablaba con ellos, les explicaba las razones y dábamos por terminada la relación de trabajo.

Así evitaba jugarles una mala pasada y estaba tranquilo conmigo mismo.

Así fue cómo decidí que, para garantizar que el teletrabajador y yo tuviéramos una buena comunicación, lo mejor sería **comenzar por trabajos pequeños, ver cómo se desarrollaba la relación** y si todo fluía correctamente, establecer una relación más larga.

¡Esa sería mi estrategia con los freelancers que contratara de ahí en adelante!

El desafío era grande, pero tenía la motivación y las herramientas al alcance de unos clics para enfrentarlo.

Cerré la oficina, hablé por Skype con algunos freelancers, les di pequeñas asignaciones a cada uno y al cabo de unos días, tenía resultados en mis manos.

¡Al parecer, había encontrado a los profesionales que necesitaba! Todo parecía marchar a la perfección.

Además, al no tener gastos fijos de mantenimiento de una oficina, podía invertir más y esto era algo que, no solo favorecía a mi proyecto sino también a los freelancers, ya que podía pagarles más por cada trabajo.

Los objetivos comenzaron a cumplirse y así fue cómo di (dudando un poco, eso sí) mis primeros pasos hacia la empresa ubicua.

Los desafíos del teletrabajo para la empresa

Trabajar desde casa, ya sea como freelancer o como parte de un equipo virtual, es el sueño de muchos trabajadores, pero también parece ser la pesadilla de una buena cantidad de empleadores.

En este momento es cuando los prejuicios de los que ya he hablado comienzan a aflorar ya que, mientras que el empleado quiere trabajar desde su casa (o cualquier lugar que no sea una oficina fija) y ve en su deseo la oportunidad para desarrollar buenos proyectos que siempre había tenido que postergar (trabajar a su gusto, manejar su tiempo, estar más cerca de su familia...) algunos empleadores ven a un empleado que **quiere zafarse de las responsabilidades**, que busca **darle largas a su trabajo diario** y que **perderá su tiempo y el de la empresa**.

Y lo que es peor... **¡Hará que la empresa pierda dinero!**

Sin embargo, la tendencia mundial (y la de grandes compañías como *Dell, Apple* o *American Express*) es permitirles a sus empleados trabajar desde casa, además de confiar en la contratación de personal freelancer y conformar equipos virtuales para proyectos específicos.

Tal como reseña el *New York Times*, el trabajo a distancia aumentó un 79% entre 2005 y 2012, lo que se traduce en 3,2 millones de trabajadores (un 2,6% de la fuerza laboral), de acuerdo con la *American Community Survey*.

Y lo mejor de todo es que continúa en aumento hoy en día.

¿Cómo se explica esto?

¿Qué tipo de empresa es la que YA está contratando teletrabajadores?

¿Qué caracteriza a las empresas que funcionan al 100% con fuerza de trabajo virtual?

¿Qué caracteriza a las empresas que permiten y alientan el teletrabajo?

Únicamente hay una respuesta...

La **confianza en su personal fijo, en los freelancers** a los que encomiendan trabajos específicos y **en su proceso de contratación** y **dirección de los equipos virtuales** (aunque en esto último me enfocaré más adelante).

La confianza ante todo

Para muchos trabajadores, resultan sumamente molestos los excesivos controles que los empleadores ejercen sobre ellos y los equipos de trabajo.

Por hablar de un caso en concreto, ya sea por iniciativa propia o de sus superiores, es muy común que les impidan el acceso a nuevas tecnologías que faciliten su trabajo.

El hecho de tomar una simple captura de pantalla, algo tan popular para quienes trabajan en el entorno digital, está prohibido en muchas empresas por temor a que algún trabajador utilice esta herramienta para robar información y para evitar el espionaje interno.

Podemos pensar que en cierto punto es lógico, pero medidas como esta, lamentablemente, derivan en una gran pérdida de tiempo, ya que las medidas anticuadas hacen que los empleados resulten mucho menos productivos y tengan que invertir más tiempo en tareas que podrían llevarles tan solo unos segundos valiéndose de la tecnología actual.

Por ejemplo, si un empleado necesita que otra persona del equipo o incluso su jefe, aprueben ciertos cambios que hizo en el diseño de un logotipo:

Primero: Debe guardar el archivo.

Segundo: Exportarlo para enviárselo por correo a su supervisor con un detalle de lo que ha hecho por escrito.

Tercero: Esperar a que llegue y que el supervisor comprenda todo lo que ha querido decir y responda.

¿Te das cuenta de la pérdida de tiempo que supone todo esto?

¿Te das cuenta de lo rápido que sería hacer una captura de pantalla, grabar una explicación en video o mostrárselo en tiempo real compartiendo su pantalla y ahorrarse así unos cuantos pasos y minutos?

Pero no puede ser, ya que en su empresa no permiten la instalación de programas que realicen capturas de pantalla o que se utilicen este tipo de funciones, ni tampoco se permiten programas de teleconferencia para "evitar distracciones."

De más está decir que el supervisor deberá seguir los mismos pasos, por lo que tendremos dos e-mails larguísimos y que probablemente no se entienden del todo (porque muchas cosas, sobre todo hablando de diseño, son difíciles de expresar en palabras), en lugar de una conversación en tiempo real de tan solo cinco minutos compartiendo pantalla.

Volviendo a la **confianza**, al hacer esto, el empleado asume que **sus jefes no le tienen confianza** y como consecuencia, **él tampoco les tendrá confianza a sus jefes**.

Como en todo ámbito, privar de libertades a las personas, no resulta bien. Por tanto, si una empresa no confía en sus empleados, aun teniéndolos a todos en una misma ubicación física, **muchos menos confiará en trabajadores que realicen sus tareas a distancia** o en **freelancers** que ni siquiera forman parte de la plantilla fija de la empresa y que, probablemente, no tienen horario fijo o están en otro país.

¿Por qué asumir que tus empleados no son personas honestas y te quieren perjudicar?

Esta es una creencia arraigada que debería cambiar para **aminorar la hostilidad que existe entre las personas con distintos cargos jerárquicos en las empresas** y no me refiero solamente a los teletrabajadores.

¿Qué hace que los jefes y dueños de empresas piensen que por naturaleza sus empleados quieren destruir la empresa para la que trabajan?

Sinceramente, si no hubiera tenido la experiencia de trabajar en grandes corporaciones y no supiera cómo es el clima, no podría pensar siquiera en preguntármelo.

En la actualidad existen grandes ejemplos de que la confianza, tanto en los empleados que asisten de forma presencial como en los que trabajan desde casa, ha dado como resultado exitosos proyectos. Incluso, en empresas cuyo *staff* está conformado por un **equipo 100% virtual**.

El pensar que el humano es inherentemente maléfico **es una idea a desterrar** si queremos darle una oportunidad a los nuevos formatos laborales.

Pensemos, por ejemplo, en **el caso de *Wikipedia***.

Este sitio web, que todos consultamos prácticamente a diario para **resolver la mayoría de nuestras dudas espontáneas**, tiene la particular característica de ser una **enciclopedia libre**.

Es decir, funciona de forma online exclusivamente y está abierta para que cualquier persona experta en un algún tema en específico, pueda alimentar el proyecto sumando sus conocimientos o editándolo en el caso de percibir errores.

Nunca te has preguntado: *"¿TODO está en Wikipedia ya?"*

Yo sí.

Es más, hace tiempo que es una de las primeras opciones que abro cada vez que quiero sacarme una duda superflua y te aseguro que las he resuelto prácticamente todas.

Incluso, la utilizo como base de investigaciones revisando las fuentes de información citadas debajo o como una respuesta rápida si, por ejemplo, estoy leyendo un texto y no quiero frenarme por averiguar un detalle menor.

Piensa, alguien ha tenido que subir ahí toda esa información, ¿cierto?

Pues ese "alguien" son millones de personas que, por amor al conocimiento y a la transmisión de la información, se han tomado el tiempo de escribir una Wiki (así se llama cada una de las páginas de este formato).

Pero ahí no queda, hay otros que después lo han editado, otros lo han corregido, alguien más mejoró el diseño y algunos se han puesto a discutir en los foros si realmente estaba bien esa información y si era objetivo o no el artículo.

Pero lo mejor de todo es que ¡Ninguna de estas personas cobra ni un centavo por su labor!

¿Que existen personas que hacen artículos por interés?

Pues claro, así como hay profesores que enseñan por una paga.

¿Que hay gente que entra a borrar artículos, destruirlos o subir información errónea a propósito?

Sí, claro, pero son los menos y no llegan a impactar más que unos minutos, unos días si se quiere, en artículos que no se consultan tanto.

Y la pregunta ahora es...

Si los creadores de Wikipedia confiaron en las capacidades que tiene la comunidad *online* y abrieron este proyecto para que todo el que se sienta capacitado participe en él y comparta sus conocimientos con el resto del mundo,

¿Podremos comenzar a relajarnos un poco pensando en este caso?

Recapitulando

La comunicación, la supervisión y el hallar el personal adecuado suelen ser los primeros interrogantes a la hora de pensar en el Teletrabajo para nuestra empresa.

Las tendencias mundiales se inclinan hacia el teletrabajo, pero aún hay muchos prejuicios por desterrar si queremos subirnos a esta ola.

La confianza es esencial a la hora de lograr que un equipo virtual funcione de forma productiva y a largo plazo.

Algunas medidas de las empresas deben evolucionar para que esta nueva modalidad de trabajo tenga sentido.

Algunas lecturas interesantes

Para conocer mejor cómo funcionan las empresas con trabajadores remotos:

Cómo funciona Wikipedia (y cómo puedes ser parte de ella) (Phoebe Ayers, Charles Matthews y Ben Yates).

Remote: Office not required, (Jason Fried y David Heinemeier Hansson).

La respuesta al gran desafío es confiar, pero de ninguna manera lo haremos a ciegas.

Por eso, comenzaré en el siguiente capítulo a sumergirme en las características de la fuerza de trabajo en la Empresa Ubicua.

CAPÍTULO III.

LAS DEFINICIONES DE TELETRABAJO

Las películas de Hollywood nos mostraban, en los años 40 y 50, un mundo laboral en el que las empresas tenían **grandes oficinas atestadas de escritorios**, máquinas de escribir, teléfonos y por supuesto, personas.

Fuente: http://www.angelseoservices.com/daily-ticker-history-cubicle/

Era muy común la imagen de decenas de hombres con la mirada clavada en los libros de contabilidad que llevaban y de mujeres que no quitaban la vista de la máquina de escribir desde las 8 am hasta las 5 pm y entre ellos, rondaba un jefe mal encarado vigilando que estuvieran haciendo el trabajo para el que los habían contratado.

No había espacio para las quejas y mucho menos para las mejoras laborales. Quien no se sintiera a gusto y además hiciese público su desagrado, se podía dar por despedido.

Por fortuna, los tiempos cambiaron y poco a poco, los empresarios se han dado cuenta de que **un empleado feliz equivale a un trabajo exitoso.**

Mientras un trabajador sienta que tanto él como su trabajo **son valorados**, que el empleador busca maneras de que **crezca como profesional**, que **forma un buen equipo** con sus colegas y que está en un lugar que **explota su creatividad y talento**, puede hacer trabajos asombrosos y fuera de lo común.

Pero **¿dónde está ese lugar en el que se sienta totalmente a gusto?**

Pues puede ser su oficina, su casa, un parque público, el mismo edificio donde está su jefe pero 5 pisos más abajo o puede ser que ni siquiera necesite un jefe fijo.

Desde hace algún tiempo, las empresas han notado que la **formación de equipos de trabajo virtuales** trae muchos beneficios, tanto económicos como laborales.

Tener a un trabajador a gusto ejecutando sus tareas desde su casa, significa que las compañías ahorran dinero en gastos de infraestructura y beneficios laborales y que el empleado trabaja cómodo y feliz desde su hogar.

Entre los beneficios de tener un equipo virtual destaca que los trabajadores **están en una atmósfera más tranquila**, comparten más con sus familias, tienen menos distracciones y por lo tanto, son más productivos.

Además, es una forma de trabajo amigable con el medioambiente ya que el trabajador reduce sus tiempos de traslados, no consume combustible, evita el tráfico y ahorra energía.

Muchos trabajadores consideran las oficinas tradicionales como lugares impersonales y en el que no se sienten completamente a gusto.

Por eso, el trabajo a distancia, si se ejecuta de la manera correcta, da como resultado un ganar/ganar para el empleado y la empresa.

Pero ¿qué sucede si el sitio de trabajo es tan maravilloso que al empleado le gustaría vivir por siempre ahí, como es el caso de *Google*?

Basta con ver la galería fotográfica que la revista *Time* dedicó a *Googleplex*, las oficinas del gigante buscador online, para saber por qué *Google* está calificada por tercer año consecutivo como la mejor para trabajar, según el ranking de *Great Place To Work*,.

Fuente:

http://www.californiahomedesign.com/house-tours/meet-googleplex

Googleplex no solo se dedica a buscar a los profesionales más capacitados en cada área de trabajo, sino que se preocupa por lograr que el ambiente sea ideal para que sus empleados **puedan explotar al máximo su potencial**.

Google tiene más de 50.000 trabajadores, según una encuesta hecha por *Great Place to Work*.

En dicho informe que desarrollan para clasificar las mejores empresas para trabajar, notaron que los trabajadores de *Google* destacan que **la confianza, la camaradería y el orgullo,** son los valores más importantes para ellos.

Para *INC.com* existen 5 razones por la que *Google* es el mejor lugar para trabajar:

Los empleados sienten que hacen un trabajo importante para la humanidad.

La empresa otorga beneficios para las familias de sus empleados.

El trabajador considera que sus compañeros de trabajo son genios.

La empresa otorga "gratificaciones inteligentes".

Ofrece oportunidades de carrera sin precedentes.

A esto debemos sumarle que sus instalaciones son increíbles.

Googleplex cuenta con 4 edificios distribuidos en 47.038 metros cuadrados.

A lo largo y ancho de esta inmensa área hay: un gimnasio, lavanderías, barberías, dos pequeñas piscinas, cancha de voleibol, estacionamientos de bicicletas, mesas de ping pong, mesas de billar, guardería, sala de masajes, restaurantes y cafeterías.

Y por si fuera poco, los perros son bienvenidos dentro del complejo.

Todas estas gratificaciones tienen un objetivo:

Incrementar la felicidad, la creatividad y la productividad de los empleados.

La revista *Forbes* aclara que la empresa no obtiene beneficio alguno por estas gratificaciones, sino que las ofrece únicamente porque **considera que es lo correcto**.

Por supuesto, *Google* es una entre un millón.

El común de las empresas no tiene la capacidad económica para tener sedes como estas y tampoco consideran que el ambiente de trabajo influya en el desempeño de los trabajadores.

Sin embargo, tanto una empresa que permite el trabajo a distancia como empresas como *Google,* saben que en un ambiente más cómodo y gratificante, el trabajador obtiene mejores resultados.

Entonces, ¿qué hacer?

La mejor opción es comenzar a pensar en este aspecto.

Las ventajas de trabajar desde casa son muchas, como ya hemos comentado.

Además, con una buena comunicación y reglas de juego claras desde el principio, las probabilidades de que el trabajador no cumpla con sus responsabilidades son muy bajas.

¿Comenzamos a plantearnos la posibilidad de una oficina remota?

Fuente:

http://www.hgtv.com/design/decorating/clean-and-organize/quick-tips-for-home-office-organization

Redefiniendo la fuerza de trabajo

La tecnología se ha vuelto un puente firme entre las personas de todo el mundo.

Sin importar dónde estés o la diferencia de horas, puedes estar conectado en todo momento con cualquier trabajo que realices.

Existen entonces, varias modalidades de trabajador de acuerdo a dónde esté físicamente:

El trabajador tradicional, que acude diariamente a una oficina.

Los trabajadores que forman parte de un equipo virtual y se comunican a través de la tecnología, sin necesidad de estar todos en un mismo lugar.

El trabajador que forma parte fija de una empresa, pero trabaja desde su casa o cualquier lugar con conexión a Internet (teletrabajador).

El trabajador freelancer, que realiza proyectos para particulares o empresas, pero no forma parte de la plantilla fija.

¿Por qué debemos comenzar a redefinir la fuerza de trabajo?

Cada vez más, las empresas se valen del uso de la tecnología a través de las Apps y plataformas de freelancing, entre otras herramientas, para el incremento de la productividad y la capacitación de los empleados y quienes no lo hacen, se están quedando atrás.

Una de las muchas razones que impulsan esta tendencia son los entornos de trabajo deficientes que no promueven el proactivismo y que, por el contrario, causan en los empleados ansiedad y deterioro al cumplir un cierto horario de trabajo.

Esto trae como consecuencia que, una vez que una persona se involucra con esta nueva tendencia de no tener que trabajar desde una oficina, es muy posible que no quiera volver a la forma tradicional de hacer las cosas.

Es por ello, que existe una especie nueva en extinción...

El trabajador tradicional (presencial).

Se trata de aquel que cumple un horario riguroso y debe presentarse todos los días en una oficina o espacio físico destinado al trabajo para el que se le contrató.

Además, cuenta con la presencia de un jefe que constantemente está evaluando su trabajo y dictándole pautas. Y todo esto por un sueldo fijo.

Este empleado está en vías de extinción debido a que, poco a poco, las empresas van dejándolos atrás y los resultados avalan este cambio hacia modalidades como el **teletrabajo o el freelancing** que parecen ser más beneficiosas, tanto para empleados como para empleadores.

El **teletrabajo** es definido como: *"el trabajo que se realiza fuera de las instalaciones de una empresa, valiéndose del uso de tecnología para la comunicación y el desarrollo de las tareas."*

Es decir, cualquier empleado que cuente con un ordenador y conexión a Internet, podría completar fácilmente las tareas que se le asignen sin tener la necesidad de trasladarse a la oficina.

La comunicación entre el empleado y el empleador puede mantenerse como si fuese presencial, por medio de correos, videoconferencias e incluso, programas que permiten monitorear si el empleado cumple con las horas establecidas de trabajo.

En este punto pienso detenerme, ya que aunque se hable de horas de trabajo, la ventaja en esta modalidad es que el empleado puede **cumplir esas horas de la forma que mejor le convenga**.

Por ejemplo, si hablamos de cuatro horas de trabajo, el empleado puede hacer si quiere dos por la mañana y dos por la tarde.

Además, como no necesita estar en una oficina, el teletrabajo le ofrece la libertad de poder trabajar desde cualquier sitio donde se encuentre, ya sea en su casa, en un café que disponga de conexión a Internet, etc.

Para el empleador también tiene ventajas y es que, si no se tienen tantos empleados presenciales en una empresa, **se disminuyen costos**.

Evidentemente, al reducirse los costos, la ganancia también aumenta puesto que las personas que trabajan bajo esta modalidad tienen la ventaja de poder hacer otras cosas de su interés y por lo tanto, se mantienen felices, lo que les lleva a desarrollar un mejor trabajo y a ser más proactivos.

Llegamos ahora al **freelancing**.

Como empresario que hace mucho uso de esta modalidad de trabajo, puedo decirte que es una forma bastante cercana a la ideal.

Te explico...

Se le dice **freelancer** a aquella persona que **trabaja de forma autónoma online**.

Es decir, que no tiene un jefe y que realiza sus trabajos basándose en su oficio, profesión, ocupación e incluso hobby y se le pagará por el trabajo realizado (aunque puede ocurrir que, dependiendo del trabajo, se le pueda contratar por horas también).

Como empresario en el área de marketing y como alguien que ha trabajado también como "freelancer", creo que es una opción estupenda para desarrollar cualquier trabajo que se necesite y que además se puede ajustar a cualquier empresa en muchísimas áreas.

En mi caso, suelo contratar freelancers para hacer tareas específicas, desde ediciones hasta consultores en áreas muy determinadas (luego te cuento más acerca de esto).

La cuestión es que, al trabajar como freelancer, la relación laboral puede ser corta en vista de que el contrato es para un trabajo específico y no necesariamente hay obligación de re-contratar a alguien.

Esto permite al empleador o empresario encontrar constantemente personas con otras visiones y proactividad que aporten al trabajo de la empresa y también evita muchos contratos innecesarios y por consiguiente, muchos despidos.

Además, quien trabaja como freelancer tiene la ventaja de poder realizar trabajos de medio tiempo ya sea desde casa o donde se encuentre y en el horario de su preferencia.

Por demás, cualquiera que lo desee puede optar por esta modalidad de trabajo, tanto para los que ofrecen un trabajo como para aquellos que buscan en qué trabajar.

De acuerdo con estudios realizados, se espera que en Estados Unidos los freelancers alcancen el 50% de la fuerza de trabajo en tiempo completo para el 2020.

Y es que, a pesar de que el trabajo independiente cada vez se vuelve más común entre los empresarios más jóvenes, también es una forma de trabajo a la que fácilmente se pueden adaptar empresarios de vieja escuela al otorgar a sus empresas una base más virtual.

Pero no todo es blanco y negro.

Es decir, no necesariamente se tiene que ser solo freelancer o solamente trabajar de forma presencial.

Con la facilidad y la libertad que significa el freelancing, muchas personas pueden tener un trabajo de medio tiempo, ya sea presencial o teletrabajo, e incluso de tiempo completo.

El freelancing ofrece en la actualidad la posibilidad a las personas de tener **"changas"** o **"trabajos eventuales"** que significan la posibilidad de un aumento en sus ingresos en el momento y con el trabajo que mejor se adapte a ellos.

Por lo tanto, aunque no es nada probable que las empresas trabajen exclusivamente con freelancers, el auge en la industria de personal en línea se inclina cada vez más hacia esta modalidad.

Teletrabajadores, equipos virtuales y freelancers

El trabajo desde casa ofrece ciertas ventajas, tanto para los trabajadores como para las empresas. Veámoslas en detalle:

¿Qué motiva al freelancer?

En la actualidad el freelance se ha ido convirtiendo cada vez más en una mayor fuerza de trabajo.

Los sitios web para conseguir trabajos de medio tiempo, donde se puede elegir cuándo, cómo y qué hacer, se han vuelto más populares en los últimos tiempos.

Pero ¿qué está llevando a las personas a elegir el trabajo autónomo y la autogestión, sobre el trabajo de tiempo completo en oficina?

De acuerdo con los distintos reportes de plataformas como *Upwork, Field Nation* y *Future Work Place*, las razones de por qué lo hacen se podrían agrupar en:

Un 23% por hacer aquello que les gusta y apasiona.

Un 21% por estar desempleados

Un 13% por el deseo de ser sus propios jefes y la autogestión.

Un 8% porque se tiene más flexibilidad y libertad al elegir el trabajo.

En otros datos aportados por dichas plataformas, también se refleja que:

El 40% tenía un trabajo de tiempo completo mientras comenzaron el freelancing en paralelo.

El 90% de freelancers considera que sus contratos son un ingreso confiable al hogar.

Lo maravilloso de todo esto es que el freelancing para muchas personas representa una **estabilidad económica** en vista de que pueden conseguir tantos contratos como puedan manejar, sin tener la necesidad de abandonar su trabajo fijo, en el caso de aquellos que lo tienen:

El 77% de los freelancers (casi 8 de cada 10) están ganando la misma cantidad de dinero o incluso más, de la que ganaban cuando comenzaron a trabajar en el freelancing.

El 21% de entrevistados tomaron el freelancing como una alternativa, al estar despedidos o de baja.

El 18% ha trabajado siempre de forma freelance.

Y el 9% se mantiene en el freelancing mientras busca un trabajo formal.

Independientemente de las razones por las que cada vez son más las personas que se suman a esta modalidad, lo cierto es que, de acuerdo con los estudios realizados, **el 70% de los freelancers son más felices trabajando de esta manera** que en trabajos de tiempo completo, **se sienten más seguros** trabajando como freelancers y tan solo un 5% reportó que la sensación de seguridad era mucho mayor cuando trabajaban en un trabajo de tiempo completo con un solo empleador.

Siempre me he querido definir como un empresario que está a la vanguardia.

Estar al tanto de las últimas tendencias y aplicarlas en mis negocios, ha hecho que mi empresa se destaque.

Y no es que haga todo lo que dicen que debo hacer, pero si veo que algo es *trend* y puede servirme en la empresa, hago una pequeña prueba y de acuerdo con los resultados, lo expando o lo desecho.

Justo eso fue lo que me sucedió hace algunos años, cuando comencé a notar que los freelancers tomaban importancia dentro del mercado laboral.

Por supuesto que sabía que existían y en cierto punto, eran mi única opción mientras estuve en Malasia.

Pero en el fondo sentía que al volver a Buenos Aires, dispondría de personas que hablaran en español y por lo tanto, ya no serían necesarios.

Aun así, después de leer las estadísticas que te acabo de comentar, ver que el mundo de los teletrabajadores crecía de forma constante y haber estudiado las ventajas y riesgos de esta forma de trabajo, decidí aventurarme sin pensar en ese futuro "presencial".

¿Qué significan todas estas estadísticas para mí?

Que el modelo tradicional de trabajo, ese que es de 9 am a 5 pm, con beneficios laborales, en una oficina, con una estructura organizacional definida y una verticalidad gerencial, ya no es el único modelo de empleo posible.

Entonces, ¿por qué debía ser el único para mi empresa?

¿Por qué pensaba apuntar a él "en el futuro", "cuando pudiera"?

Había un detalle que me llamaba mucho la atención:

"¿Por qué tantos trabajadores emigraban hacia esta tendencia, aun perdiendo la seguridad de un trabajo estable y los beneficios laborales que estos ofrecen?"

Y llegué a la conclusión de que son varias las razones:

Buscan libertad: El trabajador promedio está cansado de sentirse esclavo de una oficina, una corporación, un jefe y un tipo exclusivo de tareas que no le permiten evolucionar y quiere diversidad para sentir que su trabajo tiene sentido, tanto para él como para la sociedad en que vive.

Toman decisiones por sí mismos: Un trabajador autónomo decide con qué cliente trabajar, qué proyecto aceptar, qué días y en qué horario hacerlo. Es él el que decide siempre.

Sin olvidar, por supuesto, que debe responder a su cliente, ya que tiene fechas de entrega y se esperan resultados de su trabajo.

Manejan su tiempo a conveniencia: Saben que para lograr el éxito, deben trabajar tanto o más que un *full time* en algunos casos y como no cuentan con una empresa que los respalde, deben cuidar su nombre y reputación más que cualquier otro trabajador.

Otras de las razones por las que escogen este tipo de relación laboral tienen que ver con la **satisfacción profesional**.

En una oficina, los trabajadores suelen llegar a un punto en el que se sienten estancados con el paso del tiempo y si no tienen incentivos por parte de sus jefes y de la empresa, se aburren de hacer el mismo trabajo una y otra vez.

Sin embargo, al aventurarse a trabajar por su cuenta, los proyectos que desarrollen serán diferentes, ya que los clientes variarán.

Cada proyecto nuevo les pondrá frente a un reto que superar y por lo tanto, les hará **crecer como profesionales** y **como personas**.

Salir de la zona de confort que ofrece un trabajo tradicional presenta un desafío que, al superarlo, hace que el freelancer se sienta más comprometido con su trabajo y su cliente.

Esto se debe a que **el freelancer sabe que su trabajo es especializado**.

Que un cliente solicita sus servicios porque él provee el talento necesario para completar esa tarea en el menor tiempo posible. Al no fallarle, se siente satisfecho y comprometido.

La revista *Fortune* explica que *"un freelancer se siente más seguro trabajando por su cuenta ya que no depende de un solo empleador".*

Es decir, si un cliente desaparece, el freelancer tendrá otros para continuar trabajando.

En cambio, si la empresa de la que es empleado formalmente, quiebra o prescinde de sus servicios, el trabajador automáticamente queda sin trabajo y desamparado por completo.

Además, aunque parezca increíble, los freelancers consideran que su estilo de trabajo conlleva menos riesgos que el tradicional.

En una encuesta realizada por *Field Nation* a 846 freelancers, el 90% dijo que se veía a sí mismo **profundamente comprometido con el trabajo que ejecutaba** para sus clientes, mucho más que cuando trabajaban como empleados de una empresa.

Esta es una postura polémica porque el freelancer es un trabajador muy desprotegido, ya que no tiene seguro social, seguro médico, ni consolida una jubilación, pero al estar seguro de sus capacidades profesionales, considera que puede proveerse de esos beneficios.

Para lograrlo, debe asegurarse de obtener una buena ganancia por su trabajo. Sin embargo, uno de los problemas a los que se enfrenta es que muchos clientes no estarán dispuestos a pagar lo que su trabajo vale.

Un buen empleador sabe lo importante que ese trabajador a distancia es para su empresa y por lo tanto, no dudará en pagar lo que vale. Si no es así, el freelancer puede terminar la relación de trabajo y buscar un cliente que llene sus expectativas.

Para aquellos que trabajan desde casa, el futuro es cada vez mejor debido a que el teletrabajo se vuelve cada vez más popular, permite ganar más y causa más felicidad en las personas puesto que, al ser "sus propios jefes", no importa el lugar desde donde trabajen o en el tiempo en que lo hagan, siempre que el trabajo se cumpla.

De esta realidad parte el hecho de que mientras hay empresas y empleados que pierden el sueño al ver cómo se va reduciendo su campo de trabajo, muchas otras empresas han decidido actualizarse y subirse a la ola.

¿Qué motiva al empresario?

Teniendo muy claras las razones por las que para muchos trabajadores resulta conveniente independizarse, resulta importante ahora conocer por qué un empresario querría adoptar esta modalidad en su empresa.

Para las empresas, tener trabajadores a destajo resulta muy provechoso desde el punto de vista económico ya que ahorran en muchos gastos que las empresas suelen considerar fijos y se llevan gran parte del presupuesto (gastos fijos, beneficios laborales, infraestructura, equipos de trabajo, mobiliario, etc.).

Cuando una organización decide contratar trabajadores freelance o teletrabajadores, ya no tiene que proveerles, por ejemplo, de un puesto de trabajo con mesa, silla, ordenador y material de oficina.

Ni tampoco debe proveerle de los servicios relacionados (energía eléctrica, conexión a Internet, servicio técnico, etc.).

Esto le permite entonces disponer de oficinas más pequeñas, con alquileres modestos y servicios menos costosos.

Sin embargo, los beneficios van más allá de lo económico.

El trabajador autónomo es un **profesional especializado en su área**, que ama lo que hace, trabaja a gusto y en libertad. Esto hace que se destaquen por su alto compromiso y productividad laboral.

Por tanto, la empresa que decide contratar sus servicios, se asegura un trabajo bien hecho y al ahorrarse los gastos fijos, podrá ofrecerle una paga acorde a sus conocimientos y efectividad e incluso, hasta un poco más.

A finales de 2012 una encuesta realizada por *The Guardian* reveló que **el 79%** de los lectores que tomaron la encuesta **usa trabajadores independientes** como una parte importante de su estrategia de negocio.

Con base en estas evidencias, mis temores fueron mermando y la idea de abandonar el estado ubicuo de mi empresa en un futuro, quedó atrás.

Así, cada plaza que se liberaba en la empresa o cada necesidad que surgía, fue estudiada para verificar su viabilidad dentro del mercado freelance.

Las primeras oportunidades se dieron en el área de diseño, a posteriori te comentaré los distintos tipos de profesionales que pueden hallarse.

Le pedí a mi propio **equipo virtual** que me **recomendara** a alguien que pudiera realizar este trabajo a distancia, alguien a quien se le pagaría por proyecto.

Los resultados fueron sorprendentes y confirmaron todo lo que había leído.

La persona que contraté, resultó ser un trabajador excepcional, que hacía sus tareas en tiempo récord y con una calidad impresionante.

Además, estaba muy contento, ya que le ofrecí un pago muy por encima de sus expectativas, por lo que aún se sentía más comprometido.

Ahora es moneda corriente para mí, evaluar si las tareas las puede ejecutar un trabajador freelance o un teletrabajador.

Si la respuesta es afirmativa (en el 99,99% de los casos), no lo dudo ni un segundo y comienza la búsqueda del freelancer ideal.

En resumen, las motivaciones para el empresario son:

Reducción de costos en infraestructura y servicios básicos: Debido a que hay menos trabajadores en la oficina (o ninguno), la empresa considera que ya no necesita un espacio tan amplio donde tener a sus trabajadores y alquila o mantiene estructuras físicas más pequeñas y económicas. Además, ahorra dinero en mobiliario, ya que necesita menos escritorios, sillas, computadoras y material de oficina.

Empleados felices y motivados: Parece más propio de un lugar de trabajo común, el decir que un trabajador contento y motivado garantiza el éxito de cualquier empresa. Sin embargo, una política de trabajo a distancia que se ajuste a los horarios de los trabajadores, impulsa su motivación y logra que el empleado haga su trabajo con gusto.

Menor estrés y mayor productividad: Si el trabajador puede dejar de preocuparse por temas como el tráfico, el transporte público, los horarios, el clima o hasta qué comer en la calle, sus niveles de estrés descienden considerablemente. Esto, sin duda, le dará la seguridad de trabajar tranquilo y por lo tanto, ser más productivo.

Oportunidad para desarrollar grandes proyectos: Un empleado al que se le asigne un proyecto importante, bien puede trabajarlo desde su casa, con la tranquilidad que le ofrece estar en su espacio y manejar su tiempo. Ser libre de las ataduras del lugar y los horarios, hace que la creatividad se incremente dando paso a la proactividad.

A pesar de las conocidas ventajas, hay que reconocer que este modelo no es ni para todos los empleados ni para todo tipo de trabajo.

Lo primero que debe analizar una empresa es el tipo de trabajo que realiza cada unidad y estudiar si esa labor puede hacerse desde casa o si el trabajador debe estar presente en la oficina.

Lógicamente, un trabajador encargado del mantenimiento de las imprentas de un periódico, no puede hacer un trabajo a distancia. Pero el diseñador encargado de la imagen de ese mismo periódico, los redactores, los editores, publicistas, etc. bien pudieran hacer parte o todo su trabajo de forma remota.

Teniendo esto claro, el paso que deben tomar las empresas que actualmente cuentan con empleados presenciales es determinar junto al empleado cuáles son sus fortalezas y sus debilidades para saber a ciencia cierta si está capacitado o prefiere trabajar desde su casa.

La fortaleza esencial que debe tener todo empleado que desee y tenga la oportunidad de trabajar a distancia es la **disciplina**.

El trabajador debe tener la disciplina necesaria para que, a pesar de no tener horarios establecidos o un jefe tras su espalda, termine su trabajo a tiempo y con la misma o mayor calidad que si estuviese en una oficina.

También debe ser una persona que no tenga problemas en trabajar sola (aunque esté dentro de un equipo virtual).

No tener con quién compartir el tiempo puede ser sobrecogedor para quienes, hasta el momento, han centrado sus relaciones sociales en el ámbito laboral. Sin embargo, estar libre del bullicio social que generan las oficinas puede incrementar la concentración y hacer que el trabajo se realice mucho más rápido.

Por otra parte, el empleado puede disfrutar de cierta flexibilidad y organizar sus tareas diarias a lo largo del día, de manera que pueda hacer otras cosas no relativas al trabajo.

Aunque parece que el empleado resulta ser el gran beneficiario del trabajo a distancia, debe tener claro que también tiene algunas desventajas:

Su jefe no lo ve constantemente: El superior sabe que está ahí porque está haciendo su trabajo de la manera que debe, pero a la hora de un aumento o un ascenso, no será la primera cara que le venga a la mente. Esa invisibilidad le podría ser contraproducente al empleado si no se adapta a las vías de comunicación online.

Puede excederse con las horas de trabajo: El trabajador no tiene un horario establecido y en un "ataque de productividad" podría exceder las horas diarias establecidas por su contrato y generar fatiga.

¿Es el trabajo desde casa la solución a todos los problemas de una empresa?

Pues no. Pero sí puede solucionar algunos.

La clave está en hacer una perfecta ecuación entre las necesidades del trabajador, los objetivos de la empresa y las fortalezas y debilidades de ambos.

Sobre el Teletrabajo

Una tendencia que ha tomado fuerza desde hace varios años es el **trabajo desde casa**.

Algunas compañías han descubierto que trabajar desde la comodidad de sus hogares les resulta muy provechoso a algunos de sus empleados.

Pero no todos son partidarios. Existen empresas que no están muy de acuerdo con esta tendencia.

Como por ejemplo *Yahoo!*, donde se prohibió el teletrabajo porque *"para que funcione Yahoo! como un equipo, es necesario que estén todos juntos"*.

Sin embargo, otras empresas no han tardado en opinar al respecto.

Richard Branson, dueño de *Virgin* y defensor de este modelo de trabajo, dijo que la decisión de Mayer era: *"un paso atrás en un momento en el que trabajar a distancia es más fácil y más efectivo que nunca"*.

El mismo *Branson* practica el trabajo a distancia desde las Islas *Necker* en el Caribe.

En un informe citado por la *BBC*, la *Confederación de Industrias Británicas* afirma que en una encuesta realizada en 2011, al 59% de los empleados consultados sus jefes les ofrecieron la oportunidad de trabajar desde casa, mientras que en 2009 la cifra era de solo un 13%.

Mientras tanto, en Estados Unidos, el 24% de trabajadores trabajan desde sus casas, como mínimo, algunas horas a la semana, según informó la *Oficina de Estadística Laboral* al referido medio.

El teletrabajo, como antes explicábamos, implica simplemente un cambio en la ubicación desde la que se realiza el trabajo y en algunos casos, en la franja horaria.

Muchos teletrabajadores comienzan por trabajar un día a la semana desde su hogar, mientras que otros, en particular las mujeres, comienzan a teletrabajar después de tener familia.

Lo cierto es que cualquier trabajo que se realiza en una oficina, con un ordenador, puede realizarse desde cualquier otro lado, por lo que moverse al teletrabajo no debería resultar algo tan complejo de llevarse a cabo.

Sobre los Freelancers

Las empresas se están dando cuenta de que algunas tareas muy específicas pueden ser llevadas a cabo con la ayuda de un freelancer.

Un freelancer es un trabajador que **realiza determinado trabajo para una compañía, pero no forma parte de su plantilla fija o de un equipo virtual**.

Es decir, realiza una tarea específica por encargo y al culminarla, queda desligado de la empresa por siempre o hasta que se requiera de nuevo su trabajo.

La figura del trabajador freelance es cada vez más común en pequeñas empresas en las que un emprendedor tiene una idea clara de lo que necesita para su negocio pero sabe que no puede generar gastos muy altos en la contratación de personal fijo. Mucho menos para áreas en las que necesita algo muy puntual y no tiene los conocimientos o el tiempo para hacerlo.

Por ejemplo, si una persona que inicia un emprendimiento en el área de fotografía digital necesita que un diseñador le haga un logo para su marca, no necesita contratar de forma permanente a un diseñador, simplemente debe buscar online un freelancer que realice este trabajo puntual.

Empresas más grandes han visto en la figura del freelancer a un trabajador dedicado, con experiencia, con habilidades específicas, que realiza un excelente trabajo esporádicamente y que les ahorra gastos fijos, o bien, la oportunidad de solicitar a un empleado que realice tareas que quedan fuera de su *expertise*.

Si estimamos que en el futuro 1 de cada 3 trabajadores serán freelancers, todas las empresas deben estar preparadas para asumir este cambio en la forma en que se ha venido trabajando, para no quedarse rezagadas y perder la carrera en la búsqueda de talentos.

Para ello, lo primero que deben determinar las empresas es en qué áreas pueden solicitar los servicios de un freelancer.

Hay algunas tareas que pueden ser delegadas a un freelancer, tales como: diseño gráfico, diseño web, mantenimiento de redes sociales, marketing, contabilidad, relaciones con los clientes, tareas administrativas, secretaría, asistencia personal y prácticamente cualquier trabajo que se realice desde un ordenador (aunque luego ampliaré más acerca de lo que se puede y no se puede contratar en modo freelance).

Sobre los Equipos Virtuales

Otra modalidad de trabajo a distancia consiste en la **creación de equipos virtuales (*virtual teams*)**, en la que un grupo de individuos trabaja al mismo tiempo en un proyecto determinado de la empresa de la que todos son trabajadores fijos.

La particularidad de estos equipos es que no se reúnen físicamente y pueden estar en diferentes ciudades y hasta en diferentes países, utilizando la tecnología para comunicarse.

Este tipo de equipos permite a las empresas tener al personal más cualificado en su plantilla sin importar su ubicación física y en muchos casos, hasta hablando un idioma distinto.

Las grandes compañías han optado por tener **equipos virtuales** por varias razones:

Por un lado, **ahorran dinero y tiempo** con este tipo de trabajo, sobrellevando así las aflicciones financieras.

Y por otro lado, debido a la propia expansión de las empresas, tener trabajadores en todo el mundo **les garantiza la excelencia y diversidad que requieren en sus proyectos.**

Respecto a la búsqueda de talentos, está de más decir que la opción de crear un equipo virtual es sumamente provechosa porque reclutar talento en cualquier lugar del mundo, es mucho más fácil que hacerlo entre personas que viven en un rango cercano a la localización de una oficina o afrontar los gastos de la mudanza de una persona.

Como a mí mismo me ha ocurrido, encontrar hablantes de español en países de habla hispana fue mucho más sencillo y hasta más lógico, que encontrarlos en Kuala Lumpur.

Pero la gran fortaleza de los equipos virtuales suele recaer en el hecho de que los trabajadores que se reclutan para este, tienden a tener **habilidades muy específicas y concretas**, que aportan ciertas características vitales para el éxito de un proyecto.

Otro factor a destacar es el hecho de que **suelen ser trabajadores comprometidos**, porque se les ha buscado para hacer lo que más les gusta, para una gran empresa y sin tener que moverse de sus lugares de origen.

Las empresas generalmente tienen varios equipos virtuales divididos en áreas, que a su vez llevan adelante distintos proyectos en constante avance.

Muchas veces, los integrantes del equipo no están en el mismo huso horario o bien, tienen distintas preferencias horarias para trabajar. Esto lleva a un efecto curioso: **una empresa puede estar funcionando, literalmente, las 24 horas del día**, ya que en alguna parte del mundo siempre habrá alguien trabajando en algún proyecto.

Estas ventajas convierten a las empresas en **organizaciones más competitivas** en sus mercados y les aseguran una posición privilegiada en todo el planeta.

Sin embargo, no podemos obviar el hecho de que estos "súper equipos" no lograrán los objetivos esperados si no son **liderados por la persona correcta,** no se pautan específicamente las **vías de comunicación** y no se organiza bien **el entorno virtual**.

El encargado de guiar a un equipo virtual, debe **generar confianza** antes que nada, tanto de su parte hacia el equipo como del equipo hacia él y entre los miembros que lo integran.

Se estima que un 89% de los equipos virtuales fracasan en su efectividad si no se reúnen de forma presencial o realizan actividades virtualmente en conjunto (a las que luego, les dedicaré más tiempo en este libro).

Las empresas deben asegurar estos encuentros reales o virtuales para que los miembros se conozcan, hablen entre sí y creen relaciones y conexiones externas a lo laboral, ya que estas fortalecerán a largo plazo el proyecto.

El líder del equipo, además, debe ser una persona que sea **capaz de comunicarse claramente**.

Un líder que especifique cuál es la tarea de cada quién y cómo esa tarea se engrana con lo que está haciendo el resto, es de vital importancia.

Esta figura debe indicar directrices en las que no tengan lugar las ambigüedades y ni que decir tiene que la comunicación es vital en este tipo de relaciones laborales, nada debe darse por supuesto.

Tanto el líder como el equipo virtual, deben compartir una visión común del proyecto y ser capaces de ver en el futuro cómo todas esas tareas se congregan en una sola visión.

Sobre Profesiones y Ocupaciones

El término "freelance" es una palabra que cada vez se nos va haciendo más familiar dentro de las diferentes empresas y negocios, así como también es una modalidad en auge entre las personas que desean trabajar de forma independiente y muchos profesionales.

Pero concretamente, ¿qué trabajos se realizan de manera freelance?

¿En qué áreas se teletrabaja?

Es algo que me encargaré de responder en el resto de esta sección del libro.

Gracias a la tecnología y el auge que está experimentando, el teletrabajo está evolucionando de tal manera que **se suman cada vez más profesiones** a medida que pasa el tiempo, ya sean profesiones de larga trayectoria o nuevas profesiones que han surgido por la difusión de Internet.

El freelancing es un método ideal que pueden usar las empresas de hoy en día y que, combinado con el teletrabajo, puede ofrecer los profesionales de mejor calidad para las tareas requeridas.

Además, la simplicidad de esta forma de trabajo **se adapta muy bien a una generación que está más cíbercomunicada** y para la que, pasar todo un día dentro de una oficina y con una dinámica de trabajo rígida, solo puede producir escalofríos.

Actualmente hay numerosas plataformas online o *Marketplaces,* que ofrecen la posibilidad, tanto a las empresas de publicar propuestas en las que buscan a alguien con ciertas características muy particulares como a cualquier persona que quiera incursionar en el freelancing y esté buscando la posibilidad de encontrar un trabajo para el que se sienta capacitado.

No importa el lugar donde la persona se encuentre, sino que tenga disponibilidad horaria y deseos de realizarlo.

Ahora bien, si tu intención es incursionar en el teletrabajo, las áreas donde más movimiento se ve son:

Desarrollo web

Con el movimiento de la tecnología, son muchas las empresas e industrias interesadas en entrar en la red.

Así, desde el desarrollo de páginas web hasta aplicaciones o plataformas complejas, las empresas buscan técnicos e ingenieros en sistemas o computación que cumplan con las exigencias de lo que se les pide y de la mejor forma posible.

Marketing

Con la era del Internet (proliferación de las aplicaciones, redes sociales) y la tecnología móvil, las estrategias de mercadeo también se van actualizando.

La relación entre las empresas y los clientes cambian y por lo tanto, la forma en la que las empresas se muestran es importante.

Los freelancers que trabajan en esta área son aquellos que desarrollan estrategias y especialistas en publicidad online que atraigan a los clientes a un producto o servicio de una empresa, analistas, etc.

Por lo general, son trabajos específicos que pueden ir desde la creación, hasta el seguimiento y la ejecución de una estrategia de marketing.

Redactores de contenidos

Esta área es muy popular y versátil, ya que existen redactores en prácticamente todas las áreas, especializados o no, según se requiera.

Un redactor de contenidos puede ser tanto un periodista como un estudiante de literatura o simplemente, un amante de la escritura.

En la actualidad, la mayoría de las empresas necesitan crear contenidos.

Las revistas, las notas de prensa, los textos en los sitios web, las cartas, las preventas... todo este material debe ser escrito por alguien.

Enseñanza

El área de la educación también se ve tocada por la tecnología y cualquier persona que pueda enseñar algo, puede hallarse en el entorno freelance.

Es muy común, sobre todo en el aprendizaje de lenguas extranjeras, ya que posibilita aprender con un nativo del idioma.

Cualquiera que sea la materia de estudio, puede aprenderse entrando en contacto con un freelancer capacitado.

Los coaches, los asesores y los consultores, pueden encontrarse también en el entorno freelance.

Expertos en Redes Sociales

En esta área entran los llamados "community managers" y los "social media managers".

Se trata de una labor en la que suelen participar publicistas y comunicadores sociales, pero también personas que están al día con las últimas redes sociales y su uso y que se han formado de forma independiente.

En esta época del boom del marketing digital, son muchas las empresas y negocios que acuden a estos freelancers para que hagan funcionar las redes como un imán de público y ventas.

Diseño gráfico y web

Toda empresa necesita de material gráfico y esto implica desde modernizar su imagen, hasta diseñar un nuevo folleto o tarjetas de presentación.

Por lo tanto, es imprescindible contar con diseñadores gráficos para la creación de campañas.

Lo mismo ocurre respecto de la presencia en la web. Ya no hay excusa, es necesario tener un sitio web y mantenerlo actualizado y funcional. Así que, la oferta de freelancers que trabajan en esta área es muy alta.

Finanzas

Un tema que le importa a cualquier persona de negocios o empresa y que requiere de personas especializadas en el área de la economía, contabilidad y administración.

La oportunidad de contratar freelancers para cubrir esta área es una genialidad, ya sea para realizar, desde una consulta hasta la ejecución de tareas puntuales y rutinarias, así como también el llevar adelante proyectos que requieran de un seguimiento a largo plazo.

Aunque estas son las áreas más comunes en las que se puede encontrar trabajadores freelance, hay otras que también ofrecen gran variedad de profesionales.

Por ejemplo:

La **traducción de textos** desde diferentes idiomas: Es muy común que ante una época de "globalización" en el ámbito empresarial se precisen personas que traduzcan a otros idiomas.

Trabajos de Arquitectura y Derecho: Están comenzando a moverse también para el entorno freelance.

Incluso, en el **ámbito de la salud:** especialistas como **Nutricionistas** y **Psicoterapeutas** ya ofrecen la posibilidad de consultas, a nivel nacional e internacional, como freelancers.

La mayoría de estos trabajos se realizan en un tiempo determinado y suelen ser tareas específicas. Sin embargo, puede ocurrir que también se busquen freelancers para **trabajos a largo plazo e incluso, a tiempo completo**, incluyéndolos en el **Equipo Virtual** de la empresa.

Todo depende de lo que se busque.

Las pagas en el freelancing serán también muy variadas, ya que dependerán del presupuesto que postule el freelancer según su expertise, del país en que se encuentre y del tiempo con que se cuente para realizarlo.

De lo más simple a lo más complejo

La *gig economy* nos ha puesto a todos en una encrucijada.

O cambiamos la forma tradicional de pensar para evolucionar con la economía y la fuerza laboral o nos aferramos a los modelos antiguos y desactualizados, pero que hasta el momento parecen haber funcionado.

Este nuevo modelo económico, en el que los trabajos temporales son lo *in* y las empresas contratan a profesionales **por proyectos** y no como empleados fijos, ha cambiado el juego laboral.

Este cambio en la forma tradicional de producir se debe principalmente al desarrollo masivo de la tecnología.

Internet permitió que los empresarios estemos mucho más conectados con profesionales de cualquier parte del mundo y podamos contratar al más capacitado, esté donde esté.

Además, la presión financiera que nos exige tener mejores resultados, al menor costo posible, nos impulsa a buscar en esa fuerza laboral independiente a los trabajadores más competentes para que desarrollen trabajos específicos.

Si formaran parte de nuestra plantilla fija, el costo sería muy alto. En cambio, formando parte de esa *gig economy*, podemos pagarles muy bien, sin que eso repercuta en los resultados de nuestra gestión.

Para los freelancers, el trayecto ha sido muy complicado, pero como vemos, comienza a dar sus frutos.

Tradicionalmente, el trabajo a distancia se asociaba a profesiones como el periodismo, la fotografía, la contabilidad y algunos más.

Hasta estaba un poco mal visto que un profesional no perteneciera a la plantilla fija de una gran empresa y se les catalogaba de flojos y faltos de compromiso.

Desde hace unos años y con más fuerza tras de la llegada de los *Millenials* al campo laboral, el trabajador freelance es considerado, tanto por ellos mismos como por las grandes corporaciones, como un profesional legítimo. Es valorado, respetado y hasta codiciado.

La mayoría de los empresarios nos hemos dado cuenta ya de que los beneficios de contratar freelancers van mucho más allá de lo económico.

Al establecer una relación laboral con ellos, nos garantizamos contar con un personal cualificado y comprometido con su trabajo.

Para ellos, no existe más carta laboral que el trabajo bien hecho. Y como trabajan según sus condiciones y en el área en que se han especializado, los resultados son excepcionales.

Entonces, si la fuerza de trabajo cambió, lo más lógico es que el *mindset* empresarial también lo haga.

Muchos colegas me comentan que no contratan freelancers porque no necesitan escritores o diseñadores.

Ahí es cuando viene mi respuesta larga...

Los proyectos que pueden llevarse a cabo con trabajadores a distancia dentro de cualquier empresa, van mucho más allá de pequeñas tareas relativas al área de marketing.

Los **asistentes virtuales**, los **data entry**, los **consultores de crecimiento**, **expertos** en las distintas áreas de la empresa, **analistas, estadistas, abogados, contadores**... Las posibilidades son infinitas.

El trabajo a distancia actualmente ya se ha expandido hacia muchas profesiones, gracias a que la evolución de la tecnología, las comunicaciones y nuevos modelos de negocios, modificaron e hicieron crecer al trabajo freelance también.

Si antiguamente los trabajadores que trabajaban por su cuenta, lo hacían por una necesidad (ya sea porque hubiesen perdido su trabajo fijo o porque necesitaran con urgencia un ingreso extra de dinero), ahora la gran mayoría lo hace porque desea especializarse en un área concreta, sin perder su libertad.

Y esa libertad significa, entre otras cosas, trabajar solo en los proyectos que les llamen la atención y en los que vean que puede sacar un beneficio más allá de lo económico.

Los trabajos freelance se diversificaron y se siguen diversificando mucho en la actualidad, lo que ha significado una gran riqueza para las empresas porque, una vez más, **pueden conseguir el mejor talento a costos muy competitivos**.

Y es en este momento cuando me hacen la segunda pregunta:

"¿Y dónde consigo a estos freelancers tan específicos?"

Para nosotros, los empresarios, el trabajo ya está hecho.

Las redes sociales, que en un principio conectaban personas para desarrollar sus relaciones interpersonales, evolucionaron y ahora pueden servirnos también para crear conexiones laborales.

Este es el caso de redes como *LinkedIn* donde los profesionales cargan sus perfiles y portfolios.

Pero además, existen decenas de plataformas en Internet encargadas de interconectar clientes con freelancers.

Algunas de ellas son más genéricas, es decir, cualquier persona que quiera pertenecer al mercado laboral independiente, puede registrarse y ofertar sus conocimientos.

Tal es el caso de…

Upwork, Workana o Freelancer

Son plataformas muy confiables y han logrado que millones de trabajadores y clientes establezcan relaciones laborales.

El problema es que no suelen ser muy específicas y en ellas encontraremos a los freelancers de profesiones más usuales.

Ante esta situación, varios sitios web han aprovechado el vacío que había y decidieron establecer conexiones entre freelancers de categorías específicas y clientes con necesidades en esas áreas de trabajo.

Kaggle

Así funciona Kaggle.com, cuyo único nicho es el ***data science*** y actualmente tiene más de 600.000 *data scientists* en su plataforma.

Kaggle se define a sí mismo como: *"La comunidad más grande del mundo de los científicos de datos, estadísticos, ingenieros y de aprendizaje automático. Los Kagglers demuestran las habilidades para resolver los problemas más difíciles en muchas industrias"*.

El freelancer especializado en este tipo de trabajo se suscribe. Las empresas postulan sus ofertas en áreas de ciencias de datos, estadísticas o trabajos de análisis de datos y el trabajador recibe una alerta que le indica los proyectos que hay.

Finalmente, es él quien decide a cuál postularse y las empresas escogen entre ellos.

99designs

Otra web que contacta profesionales especializados y clientes potenciales es 99Designs.com, donde se congregan **más de un millón diseñadores** con grandes capacidades.

Empresas como *Quiznos* y *Lufthansa* han contratado diseñadores freelance en esta plataforma.

99Designs ha logrado concretar más de 650.000 proyectos y prometen que el diseño que creen sus afiliados te encantará o te reembolsarán el dinero.

En esta red encontrarás profesionales que diseñan logotipos, imágenes corporativas, ilustraciones para libros infantiles, diseño de sitios y páginas webs, empaques, camisetas, tarjetas de visita, etc.

Por decirlo de otra manera, pueden diseñar todo lo que necesite ser diseñado.

Clarity

Si lo que una empresa necesita es algún **consejo en un área muy específica**, Clarity.fm tiene profesionales capacitados que darán su consultoría en el momento en que se requiera.

Por ejemplo, si una empresa necesita revisar su estrategia de redes sociales, en *Clarity* puede contratar los servicios de un experto en el área, quien le asesorará y le dará soluciones precisas a un problema determinado.

Primero se revisa entre sus registrados al experto que precisamos. Se hace una solicitud para llamarlo telefónicamente, se conecta con él de forma directa y se paga por minuto de llamada.

Así de sencillo funciona este *microconsulting*.

En *Clarity* se encuentran profesionales especializados en áreas como: emprendimientos, *startups*, *SEO*, marketing *online*, planificación estratégica y muchos más...

Clarity asegura haber completado más de 73.000 llamadas con expertos con un resultado del 98% de calificación positiva.

Vale la pena pasearse por su *website* y hacer alguna que otra consulta.

Growth Geeks

GRO TH GEEKS

Por último, te recomiendo Growthgeeks.com, una **red exclusiva de expertos en marketing digital.**

De acuerdo con su sitio web, *Growthgeeks* acepta solo al 1% del total de personas que solicitan unirse. Es decir, de todos los expertos, escogen a los mejores.

Hasta la fecha, más de 2.300 clientes, entre los que destacan *Inc.*, *Hubspot* y *Washington Tribune*, han solicitado los servicios de esta red de freelancers.

En este website se pueden contratar desde expertos en Social Media, hasta en Data Science, lo que se necesite para hacer crecer una empresa.

Además, *Growthgeeks* hace un trabajo previo con cada freelancer, es decir, los evalúa para asegurar que tienen el nivel requerido y se prefijan precios por los servicios que ofrecen.

Ante tantas posibilidades y profesionales expertos para completar las tareas que necesitamos y que son fundamentales para el desarrollo de nuestras empresas, es hora de comenzar a explorar porque desde lo más común hasta lo más especializado, hallarás un freelancer dispuesto a cubrir cada puesto.

Recapitulando

Definimos al Teletrabajador como aquel empleado fijo de la empresa que trabaja de forma remota e independiente.

Las motivaciones y beneficios del Freelancing, tanto para el trabajador como para la empresa, resultan prometedores y son un fuerte impulso para que se evalúe como posible la nueva fuerza de trabajo disponible.

Se encuentran profesionales en Internet desde de las áreas más comunes del trabajo de oficina, hasta las áreas más específicas. Las tendencias, por su parte, apuntan a que cada vez sean más variadas las profesiones disponibles.

Recursos útiles

Para comenzar a evaluar qué puestos se pueden cubrir con Teletrabajadores o Freelancers, es preciso explorar los Marketplaces más populares:

www.upwork.com

www.freelancer.com

www.workana.com

http://99designs.com

www.kaggle.com

http://clarity.fm

www.growthgeeks.com

A sabiendas de lo que es el Teletrabajo, sus áreas y hasta qué punto puede crecer una empresa haciendo uso de esta modalidad de trabajo, podemos comenzar a considerarlo.

Pero encontrarse con montones de Freelancers en una empresa puede generar un desequilibrio total si la fuerza de trabajo se torna acéfala.

Es entonces cuando se vuelve imperioso saber cómo manejar un Equipo Virtual.

A continuación, nos centraremos en resolverlo...

CAPÍTULO IV.

CÓMO MANEJAR EQUIPOS VIRTUALES

Crear una Empresa Ubicua representa un reto en sí mismo.

Aparte de enfrentarte a los desafíos propios de cualquier manejo de empleados, debes afrontar el hecho que **tu equipo no está bajo el mismo techo** y quizás, tampoco está en la misma zona horaria.

Ante este panorama, muchos de mis compañeros me preguntan qué me convenció a iniciar una empresa con tales características.

La verdad, **los beneficios van más allá de lo económico**, lo cual ya es bastante en estos tiempos en los que ahorrar cada centavo marca una diferencia enorme entre triunfar o fracasar.

Una encuesta de *Workforce 2020* indicó que el 83% de los ejecutivos planea el incremento del uso de trabajadores virtuales en los próximos 3 años.

Yo no formé parte de esa encuesta, pero no podría estar más de acuerdo.

En mi caso, haber creado un Equipo Virtual me dio la posibilidad de **tener acceso al personal más cualificado para mi empresa**.

Cuando leí *The Year Without Pants: Wordpress.com and the future of Work* de **Scott Berkun**, me encontré con que muchos de mis miedos, habían sido los mismos factores que asombraron a Berkun al ingresar en *Automattic*.

Automattic Inc. es la empresa que gestiona Wordpress.com uno de los CMS más grandes del mundo.

Más de 50 millones de sitios web están hechos basándose en *Wordpress*. Y lo asombroso de todo esto es que, además de que *Wordpress* es de código abierto, *Automattic* es una empresa que funciona "en la nube".

En el momento en que *Berkun* ingresó en *Automattic*, la empresa estaba formada por 120 empleados diseminados alrededor de todo el mundo y conectados únicamente por Internet.

Lógicamente, esto representó un desafío en un principio, pero también mayores posibilidades en muchos aspectos.

En cuanto a mi experiencia personal, temía que los empleados de Educatemia, al menos los que estaban en Buenos Aires, se sintieran desapegados o necesitaran de un lugar físico en el que trabajar, reunirse, conocerse, etc.

Pero, para ser sincero, el temor era más mío que de ellos.

Al igual que ocurre con *Automattic*, existe una oficina física. Pero trabajar desde allí no resultó ser la elección más popular entre nosotros.

Aun así sé que, no solo es agradable saber con quiénes trabajamos, sino que llegado cierto punto es muy necesario **para crear y fortalecer la cultura de la empresa.**

Por eso, con el tiempo desarrollamos distintas formas de conectarnos, cada uno desde su lugar de elección, para conocernos mejor y compartir experiencias.

Este capítulo puede parecer un poco alocado, pero al final te contaré la forma en que cambió a nuestro Equipo Virtual y la forma en que me cambió también a mí.

No todos los equipos virtuales son iguales

Con el auge del trabajo remoto, van en aumento las empresas que se abren con la visión de contar con grupo de teletrabajadores o Equipo Virtual, que se valgan de la tecnología para ser **más productivos, versátiles y encarar un objetivo común**.

De hecho, ante este panorama son muchas las empresas con personal presencial tradicional que se están empezando a mover al teletrabajo.

No es raro entonces, pensar que estas empresas conformen equipos que permitan desarrollar de la mejor forma posible el trabajo por medio de la tecnología.

Los Equipos Virtuales se definen como:

"Un grupo de individuos que trabajan en diferentes espacios, tiempo y niveles de organización, unidos por medio de vínculos aportados por las nuevas tecnologías de comunicación y que poseen habilidades complementarias entre ellos."

Las personas que conforman un equipo geográficamente disperso, poseen un propósito común y metas interdependientes que están conectadas con el fin de buscar el mejor enfoque hacia el trabajo que se quiere realizar.

Además, el utilizar Equipos Virtuales como fuerza de trabajo en la empresa, permite contar con empleados de alta formación y rendimiento que, al valerse de las herramientas de la tecnología como videoconferencias, llamadas, correos, uso de Apps, etc., no importa el lugar del mundo en que se encuentren.

Pero no se puede confundir el Equipo Virtual con un montón de Teletrabajadores o Freelancers porque, mientras los Teletrabajadores se definen como *"personas que trabajan desde casa"*, algunos miembros de la organización del Equipo Virtual pueden trabajar en la oficina, mientras que otros trabajan desde casa y estar en diferentes ubicaciones geográficas o no.

Es decir, un Equipo Virtual se define más por su funcionamiento y forma de comunicación que por su localización.

Uno de los detalles más importantes a la hora de trabajar con Equipos Virtuales es que **siempre pueden agregarse o salirse miembros del equipo**.

Ante esta realidad es indispensable que los equipos, cualquiera que sea la empresa, **generen conocimiento** valiéndose de herramientas como los wikis (páginas web editables por distintos usuarios) o carpetas compartidas.

De esta manera, sin importar si un miembro se va o se integra uno nuevo, la información no se pierde y por lo tanto, **la productividad no se ve afectada** bajo ningún aspecto.

Los Equipos Virtuales se pueden clasificar de las siguientes formas:

Equipos de Red: Son fluidos debido a que la permanencia de sus miembros no es fija. Sin embargo, todos colaboran para lograr una meta común.

Equipos en Paralelo: Trabajan a corto plazo, desarrollando recomendaciones que permitan mejorar un proceso o un sistema. Tienen una cantidad de miembros y una membresía definida.

Equipo Desarrollador de Productos o Servicios: Conducen proyectos destinados a clientes o usuarios por un periodo de tiempo definido. Los resultados del proyecto se hacen medibles, ya que el equipo tiene la autoridad para tomar decisiones y las tareas ejecutadas no son rutinarias.

Equipos de Producción o Trabajo: Generalmente tienen la sola función de realizar los trabajos que son regulares y permanentes. La posición de cada miembro dentro del equipo está bien definida.

Equipos de Atención: Tanto de atención al cliente como de atención dentro de la misma organización de la empresa durante todo el día.

Equipos de Gerencia: Trabajan en colaboración sobre una base diaria dentro de una división funcional de la empresa.

Equipos de Acción: Ofrecen una respuesta inmediata ante una situación de emergencia.

Como ves, los Equipos Virtuales se perfilan como la mejor forma de organización dentro de la Empresa Ubicua.

Gracias a ellos se puede contar con los mejores empleados que se pueda contratar y se pueden realizar mayor cantidad de tareas en áreas diversas.

Eso sí, la proximidad entre los integrantes de cada equipo y el fortalecimiento de una cultura empresarial propia, se vuelven esenciales para generar un ambiente de trabajo en colaboración.

Mitos acerca de los Equipos Virtuales

Para manejar Equipos Virtuales solo se necesitan seguir algunos aspectos básicos, aunque muy específicos, y luego adaptar el modelo a la medida del Equipo.

En primer lugar, podemos pensar en cuatro claves para que un Equipo Virtual funcione:

1. El equipo adecuado.
2. El líder adecuado.
3. Los puntos de contacto adecuados.
4. La tecnología adecuada.

El Equipo Adecuado

Debe estar conformado por personas con excelentes capacidades comunicativas, alta inteligencia emocional, habilidad para trabajar de forma independiente y resiliencia para recuperarse ante los fracasos.

Cada miembro del equipo debe tener su rol y el de sus compañeros, claramente definido.

El Líder Adecuado

Debe ser uno o varios sujetos, capaces de generar confianza y empatía con el equipo, que fomenten el diálogo abierto y que clarifiquen las metas y las guías de trabajo.

Los Puntos de Contacto Adecuados

Deben tenerse en cuenta al comienzo del proyecto, cuando ingresa un miembro nuevo al equipo y cada vez que se cumpla un hito importante deben fijarse.

La Tecnología Adecuada

Debe incluir equipos capaces de realizar llamadas en conferencia, llamadas directas, mensajes de texto y salas virtuales de discusión, entre otros...

En torno a estas cuatro claves existen varios mitos que quiero despejar, basándome en mi experiencia, antes de seguir:

Los equipos virtuales no funcionan porque no están en la misma oficina

Es justamente este punto lo que hace que sean exitosos, ya que como cada trabajador tiene un historial y cultura distintos, pueden aportar diferentes soluciones y visiones a un problema en común y por lo tanto, llegar a una solución o producto final que sobrepase las expectativas.

Los trabajadores no se conocen y por lo tanto, no se tienen confianza

Si hay un objetivo común, un proyecto que les gusta a todos y cada quien tiene una tarea específica, la confianza se va ganando poco a poco, ya que cada uno va a depender, en algún punto, del otro para que el equipo completo tenga éxito.

A través de la comunicación diaria, se va generando la confianza necesaria.

Los proyectos fracasan por culpa de la tecnología

Es la falta de comunicación la mayor causante del fracaso de los proyectos en los equipos virtuales.

Por su parte, la tecnología es la gran aliada ya que ayuda a que no existan fronteras entre los miembros del equipo y les provee de las herramientas necesarias para comunicarse de forma efectiva.

No hay diferenciación de roles

En este punto existen grandes confusiones.

Un buen líder sabe que, tanto en un Equipo Virtual como en uno presencial, la diferenciación de roles tiene que estar perfectamente definida desde el inicio del proyecto.

Cuando cada miembro sabe qué debe hacer y cómo debe hacerlo, el resto resulta sencillo.

Es probable que en algunos casos se desdibujen las "jerarquías", pero estas son algo muy distinto de los "roles".

En definitiva, estoy en posición de afirmar que **los Equipos Virtuales están pensados como un organismo funcional a un objetivo.**

Para explicarlo mejor con un paralelismo, podemos pensar que lo más importante del cuerpo es el cerebro, pero no podemos dejar de considerar que si los pulmones no ingresan oxígeno, el corazón no bombea sangre, por lo tanto, no puede funcionar y la persona muere.

Entonces, es difícil que un profesional de ventas confunda su rol con quien realiza las analíticas o quien se encarga de manejar los presupuestos para las campañas.

Pero es más que probable que estos tres estén en constante comunicación y colaboración entre sí y con el líder del Equipo Virtual, logrando poco a poco un trato sumamente relajado entre ellos.

El hecho de saber que cada uno de ellos es esencial para cumplir el objetivo particular de ese Equipo Virtual, que podría ser en este ejemplo "aumentar las ventas", es sumamente motivador.

Esto hace funcionar a los Equipos Virtuales de una forma más horizontal, desjerarquizando la organización y enfocándola en el progreso.

Cultura de la Empresa Ubicua

Como ya he adelantado, cuando decidí crear mi propia empresa imaginaba que iba a necesitar una oficina y empleados *full time* que trabajaran desde allí.

Sin embargo, luego de sortear adversidades y evaluarlo una y mil veces, me di cuenta de que tenía la posibilidad de formar una Empresa Ubicua, que no solo abaratara mis costos, sino que me diera acceso al personal más cualificado en cualquier parte del mundo.

De todos modos, sabía que **generar una cultura empresarial para ponernos a todos en sintonía,** podía llegar a ser el mayor reto a enfrentar.

Ideas que maduramos con el tiempo

En la actualidad forman parte de nuestros Equipos Virtuales personas de más de 10 países diferentes.

Todos son profesionales de la más alta calidad, comprometidos con su trabajo y por supuesto, con la empresa que los contrata.

Además, son teletrabajadores que aman lo que hacen y eso los hace mucho más productivos porque disfrutan de su trabajo, lo hacen porque así lo desean y eso se nota en los resultados finales.

Lo interesante es que con el tiempo hemos creado una **cultura empresarial muy particular** y este es uno de los méritos que más me enorgullecen.

Para lograrlo, hemos definido una estrategia de trabajo en la que nada queda al azar porque existen procedimientos que cumplir al pie de la letra, para evitar malentendidos.

Todos los pasos están previamente definidos, aunque en constante evolución, y pensados para garantizar el éxito de las tareas, sin que eso repercuta en la libertad de cada trabajador para hacer su proyecto como mejor le parezca.

Lo más obvio (aunque no tan obvio): El Chat

Cuando hablamos de Internet, *redes sociales* y *chat* son de las primeras palabras que nos vienen a la mente.

Pero ¿ocurre lo mismo al hablar de comunicación entre compañeros de trabajo?

Para nada.

Los medios de comunicación más usuales en las empresas, hasta hace poco tiempo atrás, eran el *e-mail corporativo* como vía de comunicación principal y en segundo lugar, *una flota de teléfonos móviles o radios.*

Pero las nuevas tecnologías llegaron para quedarse y hoy existen vías de comunicación más simples y menos costosas.

La mayoría de las personas, hoy en día tiene un *smartphone* y todos sabemos que suele ser más rápido y eficaz enviar un mensaje por *WhatsApp*, que un e-mail.

Pero ¿y en horas de trabajo?

El chat lleva la delantera.

Cuando todos estamos conectados, cuando tenemos que presentar un proyecto o consultar una duda, utilizar el chat para comunicarnos con el Equipo.

Puede ser un chat grupal/sala o con una persona en particular, pero es lo más cómodo.

Para las **Meetings,** que ya te aclaro que hacemos solo las justas y necesarias.

Los medios más elegidos suelen ser *Skype* y *Hangout*, ya que nos permiten compartir la pantalla para ver presentaciones con los demás integrantes de la charla y además, vernos a través de nuestras cámaras web en tiempo real y conversar a través de un micrófono.

Todas las semanas tenemos una reunión en la que deben participar todos los miembros del equipo y en las que, a través de videoconferencia, discutimos los proyectos de esa semana, se asignan las pautas de trabajo y se discuten posibles maneras de ejecutar cada trabajo.

Estas reuniones se convierten en una rutina, además de dar pautas, y los teletrabajadores se familiarizan con ella.

Como te puedes imaginar, uno de los pilares de nuestra cultura empresarial es mantener el orden bajo cualquier circunstancia.

Y para lograrlo, nos apoyamos en **herramientas de manejo de proyectos** que nos permiten mantener organizadas las tareas, asignaciones, responsables, métodos de trabajo y fechas de entrega de cada proyecto, a las que todos tienen acceso y pueden actualizarlas en tiempo real cuando lo necesiten.

Se trata de que los teletrabajadores se sientan recompensados por el buen trabajo que hacen, por eso hemos optado por incorporar un **sistema de gratificación**.

Cada mes, y mediante votación de todos los integrantes del equipo, escogemos a los integrantes que más se han destacado y los ganadores reciben premios como cenas en restaurantes, entradas para el cine o teatro o un día de spa.

Todos estos pilares están asentados en una base muy firme: **valores.**

Desde que asumí la idea de crear un Equipo 100% Virtual, me convencí de que los valores con los que me identifico debían transmitirse a esta empresa y que los compartan todos los teletrabajadores que contrate.

Al final, lo que se busca al establecer una cultura empresarial para un Equipo Virtual es sentirse cómodo, empoderado y comprometido con la relación laboral, para que el beneficio sea ganar – ganar - ganar.

Sin embargo, muchos colegas que han intentado formar Equipos Virtuales me expresaron que no logran cohesionar a sus teletrabajadores.

Sienten que les falta algo fundamental y aunque el trabajo se haga y se haga bien, no logran crear una cultura de empresa real con sus teletrabajadores.

Ante esto, siempre les propongo hacerse a sí mismos la misma pregunta:

"¿De qué herramientas disponemos para que el equipo se humanice y esa virtualidad no imposibilite las relaciones personales?"

Y casi siempre la respuesta ronda cerca del:

"No sabía que debía humanizar las relaciones de un Equipo Virtual..."

Pues, bien, para que un Equipo Virtual cree cultura empresarial y complete esa pieza faltante, sus trabajadores deben compartir de manera real en lo personal.

En las empresas con trabajadores presenciales, los empleados comparten todo el tiempo.

A la hora de tomar café, saliendo a fumarse un cigarro, yendo al baño o a tomar agua...

También aprovechan el fin de la jornada laboral para ir a cenar juntos o tomarse un trago y algunos viajan juntos hacia sus hogares en el transporte público o turnándose para llevar el coche.

En las relaciones de trabajo virtuales es más complicado compartir tiempo en y fuera de la oficina para desarrollar algún tipo de relación, por tanto, el objetivo de todo líder debe enfocarse en fomentar esa interacción.

Y para lograrlo existen muchas formas e incluso herramientas específicas.

Una buena forma de comenzar es aprovechando esas reuniones que necesariamente se deben dar entre los teletrabajadores y su equipo.

El Daily Scrum

El *Daily Scrum*, aunque no sea muy largo, puede darse en términos muy amistosos y relajados para fomentar la camaradería.

El respeto es la base de toda buena relación laboral y que sean relaciones virtuales no hace que escapen de este aspecto.

En cada *Daily Scrum* se deben responder de forma corta y concisa, tres preguntas:

¿Qué hice ayer?

¿Qué voy a hacer hoy?

¿Qué impedimentos tengo para lograrlo?

La idea es que se forme un ambiente colaborativo entre los trabajadores y por medio de una lluvia de ideas, se propongan las mejores soluciones para cada problema.

Entre sus beneficios están el **aumento de la productividad**, el **compromiso con el equipo**, el **intercambio de aprendizaje** y la **actualización constante del proyecto**.

El Virtual Watercooler

Otra forma de aprovechar las tecnologías para fomentar el compañerismo entre los teletrabajadores de un Equipo Virtual es establecer una especie de *virtual watercooler*.

Este método trata de emular esas conversaciones cortas que se establecen cuando dos trabajadores se encuentran en el bebedero de una empresa o yendo a buscar un café.

En definitiva, es un lugar para encontrarse con los compañeros de oficina.

Es en estas charlas cortas en las que comúnmente surgen ideas o soluciones ingeniosas a cualquier problema y también son una forma de enterarse de qué está ocurriendo en la empresa.

La Empresa Ubicua también puede tener un espacio así, que reafirme la pertenencia a un equipo.

Gracias una vez más a las tecnologías, las empresas pueden crear una red social propia donde poder compartir experiencias, aprendizajes o soluciones con sus compañeros.

Para ello, pueden valerse de herramientas como *Slack, Hipchat* o *Facebook Groups,* que son ideales para este tipo de interacciones.

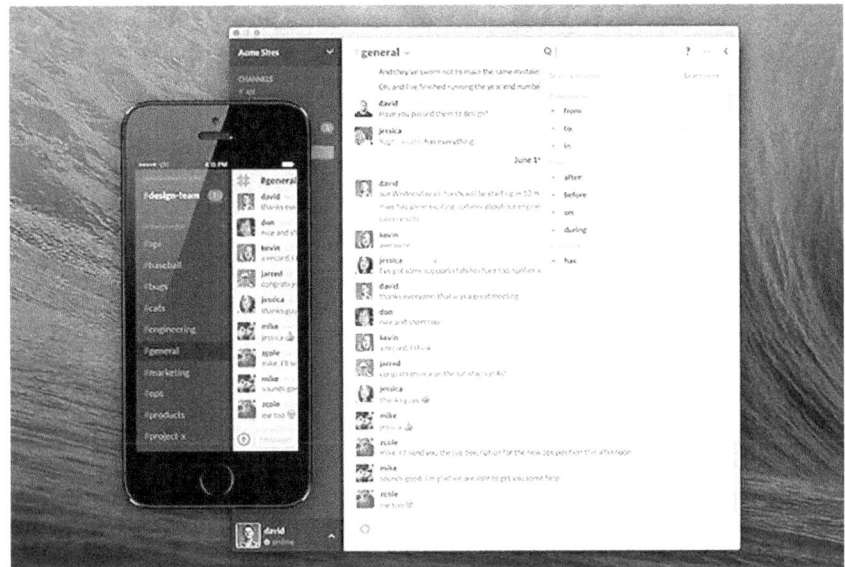

Fuente:

http://www.theverge.com/2015/6/24/8836087/slack-1-million-daily-users

El uso de las **salas de chat grupales** lleva la delantera a la hora de propiciar estas conversaciones de forma sencilla y rápida.

Simplemente, se puede crear una sala de chat en la que los trabajadores puedan hablar cuando lo deseen y en la que se intercambien experiencias y aprendizajes, ya que son herramientas con las que la mayoría de las personas se familiarizan rápidamente.

Las Pop Corn Nights

¿Cómo surgieron las *Pop Corn Nights*?

Al tiempo de trabajar juntos, cuando ya logramos conformar un Equipo Virtual más estable, la necesidad de conocernos era cada vez mayor.

Fue entonces cuando una de las integrantes del equipo, comentó en una charla una película que había visto recientemente en *Netflix* y la recomendó a todos en una *Meeting*.

"¿Todos tienen Netflix?" – se me ocurrió preguntar.

Y la respuesta fue un Sí rotundo por parte de todos.

Fue muy curioso, porque jamás había pensado en la posibilidad de que un Equipo Virtual formado por personas de distintas edades, distintos países (Argentina, México, Brasil, España, Estados Unidos, etc.) y con muy distintos pasatiempos, podríamos haber estado todos, en algún momento, haciendo lo mismo, viendo una película.

A la semana siguiente, nos encontramos con que casi todos habíamos visto la película que nos habían recomendado y así **nacieron las *Pop Corn Nights*** en Educatemia.

Las *Pop Corn Nights* son una noche especial en que todo el equipo se reúne, desde el lugar en el mundo en que esté, para mirar una misma película. Conectados... Juntos.

En ese momento, no se me habría ocurrido pensar que años después estaríamos viendo la *avant premiere* de nuestra propia película *"Desde La Nube"* de esta misma forma, conectados con los integrantes del Equipo Virtual que no están en Buenos Aires.

Compartiendo un After Office

Lo cierto es que, cuando uno trabaja con un Equipo Virtual, el 100% de su tiempo está enfocado en el trabajo y los objetivos que hay que cumplir.

Lo mismo puede ocurrir en cualquier otra oficina.

La diferencia es que para nosotros, el momento de relajación se da de forma individual o con nuestros seres queridos, mientras que en las oficinas, cada vez son más populares las salidas de tipo *After Office* entre compañeros de trabajo.

Y puede que estés pensando: *"Pero Juan, ¡es imposible compartir un After Office con un Equipo Virtual!"*

Pues no, nada es imposible, aunque la salida sea un tanto distinta para nosotros.

Los *After Office* del Equipo Virtual **son similares a una salida temática**.

La idea es muy simple. Estemos donde estemos, una vez al mes, todos salimos a cenar fuera.

¿Cómo compartimos?

Muy fácil, compartimos en nuestro grupo de Facebook las fotos, las comentamos y nos recomendamos futuras salidas.

Otra opción es la de **compartir una comida juntos en casa**.

Esta posibilidad requiere de un poco más de coordinación entre las partes, pero resulta también muy enriquecedora.

La idea es que se escoja una comida y mientras se mantiene una llamada en videoconferencia, todos coman y conversen como si estuviesen sentados en la misma mesa.

Por favor, ¡no nos olvidemos brindar!

El Happy Chappy

El *Happy Chappy* es otra forma muy útil de fomentar las relaciones interpersonales entre los miembros del Equipo Virtual.

¿En qué consiste?

Usando una videollamada en la que todos se puedan ver las caras, el líder del Equipo le pregunta a cada uno cómo está de contento está y por qué.

Este tipo de actividad se puede realizar mientras hacéis la comida juntos y da pie para romper el hielo y proponer temas de conversación.

Te habrás dado cuenta de que en todos los casos he recomendado el uso de videollamadas.

¿Por qué?

Porque para mí es muy importante poder **ver los gestos y posturas** de cada miembro del Equipo Virtual mientras habla, ya que el lenguaje corporal es prácticamente la mitad de lo que se transmite en el mensaje.

Hay que aprovechar todas las ideas disponibles y probarlas con los Equipos Virtuales. No es una opción válida el dejarse amedrentar por los retos que supone esta nueva modalidad de trabajo.

Los beneficios de innovar son muchos más que los riesgos y la base del éxito está en **crear una cultura de empresa que no solo debe abarcar lo profesional, sino también lo personal.**

El reto de las nuevas modalidades de trabajo

El trabajo desde casa, ya sea como trabajador fijo de una empresa, como parte de un equipo virtual o como freelancer, no es para todo el mundo.

A día de hoy, aún hay personas que se sienten más productivas y cómodas en una oficina tradicional.

Pero como ya te dije antes, los trabajadores que están considerando hacer su trabajo desde la comodidad de su hogar van en aumento cada año, aunque algunas empresas consideren que esta tendencia debe parar, como *Yahoo!*, que *prohibió el trabajo a distancia*.

Marissa Mayer, CEO de esta empresa de tecnología, anunció en julio de 2013 que todos los trabajadores de esta compañía debían trabajar desde sus oficinas sin excepciones.

Si algo hay que reconocerle a *Marissa Mayer* es que predica con el ejemplo.

Luego de dar a luz a sus hijas, se tomó solo dos semanas de licencia de maternidad y regresó a las oficinas.

Esta decisión abrió todo un debate acerca del derecho que se han ganado las madres a estar con sus recién nacidos el tiempo que estos la necesiten.

Aunque, si vamos un poco más allá, después de terminada la licencia de maternidad, las madres deben volver a sus puestos de trabajo y dejar a sus hijos en una guardería o con algún familiar, en el mejor de los casos.

Es decir, pequeños de 6 meses de edad, para los que aún la leche materna es su único alimento, deben esperar a que sus madres usen la hora que se les otorga para ir a amamantarlos rápidamente y luego volver a sus trabajos.

¿Es esto absolutamente necesario en una época en la que el trabajo a distancia es una tendencia en ascenso?

¿Qué es más productivo para las empresas, tener a una mujer en su oficina pensando durante todo el día que su bebé necesita de su presencia o una que pueda trabajar desde casa y con su bebé a su lado?

En mi opinión, garantizar a una madre y a un padre, la tranquilidad de velar por el bienestar de sus hijos y al mismo tiempo conservar su trabajo, en el que ha crecido profesionalmente y ha demostrado sus capacidades y destrezas, lo convierte en un trabajador pleno y satisfecho.

Aciertos y Desaciertos: tres casos de estudio

Las estadísticas actuales dicen que solo en Estados Unidos hay más de 9 millones de personas trabajando diariamente en proyectos de equipos virtuales.

Estos proyectos están formados por personas que ubicadas en lugares geográficamente distintos y que usan las herramientas más modernas para tener una comunicación activa y terminarlos en los tiempos estipulados.

Mes tras mes, esta modalidad de trabajo gana más adeptos.

El auge de la creación de equipos de trabajo virtual se debe en gran parte a que las distintas herramientas y plataformas de trabajo virtuales cada vez son más cómodas y manipulables.

A esto hay que añadir que suele ser muy rentable para las empresas y los trabajadores pueden darse el lujo de trabajar desde el lugar en el cual sientan la mayor comodidad posible.

La creación de Equipos Virtuales suele ser un proceso bastante delicado, ya que las personas que lo conforman deben estar en la misma sintonía, hay que planificar correctamente, sacar el mayor provecho del tiempo y trabajar con las mejores herramientas.

Perfectamente, ahora podría desglosarte una serie de consejos y recomendaciones para la formación de un Equipo Virtual y a buen seguro, encontrarías en ese texto mucha información útil, pero quizás este sea un tema que se puede exponer mejor desde otra perspectiva.

Mi intención es relatarte tres experiencias de formaciones de Equipos Virtuales, en las que están incluidas las mejores recomendaciones que te puedo dar y quizá sean una motivación extra para ti, al comprender cómo puedes hacer que funcione esta modalidad para ti.

Comenzaré hablándote sobre la formación de un Equipo Virtual Especializado de 40 personas, que trabajan para la plataforma de aprendizaje *TreeHouse*.

Luego, seguiré comentándote la experiencia de una competición entre Equipos Virtuales para desarrollar el mejor proyecto para *"FOODCO"*, nombre de fantasía otorgado para esta experiencia a una de las empresas de distribución de alimentos más importantes de Estados Unidos.

Y finalmente, cerraré con el caso de *Zapier*, una experiencia de formación de Equipo Virtual de Crecimiento Acelerado.

En el primer caso, podrás ver cómo se formó un Equipo Virtual lleno de expertos en sus áreas de trabajo.

En el segundo caso tendrás la oportunidad de aprender de los aciertos y desaciertos de jóvenes con poca experiencia que intentan llevar a cabo un proyecto ideal para una gran compañía.

Y en el tercer caso, aprenderás más acerca del "cómo" y el "qué" debe hacerse.

Así pues, vamos a ello, ¿te parece?

Primer Caso de Estudio: Equipo virtual de TreeHouse

El equipo de *TreeHouse* comenzó a funcionar durante 2010 con solo 3 participantes, dos desde Estados Unidos y uno, elegido como líder, desde el Reino Unido.

A pesar de la diferencia horaria que existía entre los miembros del equipo, pudieron hacer que la plataforma creciera a una velocidad increíble. En cuestión de dos años la plataforma podía contar con más de once mil usuarios y había recaudado más de 3 millones de dólares.

¿Cómo lo lograron?

Dicen que el uso de *Trinet* fue indispensable en el manejo de todas y cada una de las cosas relacionadas con Recursos Humanos.

Gracias a esta poderosísima herramienta controlaban el pago de impuestos, los pagos de nómina, pago a proveedores y demás.

A pesar de que todo avanzaba muy bien gracias al trabajo duro de los miembros del equipo, comenzaron a necesitar contratar gente especializada en áreas que no eran su fuerte.

El cuarto miembro del equipo fue el padre de uno de los integrantes originarios y pasó a ser el controlador financiero y el gerente de la oficina, aunque se encontraba a unos 6.000 kilómetros de la oficina (ubicada en Orlando).

Mantener la comunicación es uno de los requisitos más importantes para este tipo de proyectos y por ello, este equipo usó *Campfire*.

¿Cómo?

Crearon varias salas dentro de esta aplicación, las cuales eran destinadas a distintos usos, desde trabajo diario en distintas áreas específicas hasta un chat para compartir y bromear durante los descansos.

También utilizaron *Hubot* para divertirse más en los descansos con pequeñas bromas animadas.

Como después de un tiempo, *Campfire* se volvió un lugar para compartir y perdió su carácter corporativo, lo corrigieron comunicándose a través de un *WordPress* privado, instalando un tema *"P2"*, que solo fue usado para cuestiones de trabajo.

Con *Campfire* y *WordPress* lograron tener lugares de comunicación escrita que funcionaban a la perfección. Pero aún necesitaban encontrar la vía para tener reuniones y lograr una comunicación mucho más personal.

Las primeras reuniones de trabajo se dieron en *Skype*, aunque luego decidieron probar con *GoToMeeting*, una aplicación más específica para realizar llamadas de conferencias.

Para cuando comenzaron a realizar llamadas en conferencia el equipo contaba ya con siete participantes que se encargaban de las áreas de enseñanza, venta, soporte, marketing y finanzas.

Las conferencias se hacían de, como mínimo, una hora todos los lunes y podía hacerse alguna más durante la semana en caso de que hiciese falta y durante dichas reuniones, usaban a menudo *Google Docs* para compartir y plantear las distintas propuestas.

A pesar de que la tecnología había creado las vías de comunicación ideales para llevar a cabo sus proyectos, siempre consideraron necesario mantener el contacto real. Por este motivo, decidieron que el equipo se reuniera cuatro veces al año, durante cuatro días, en los que fortalecían las estrategias con las que afrontar el crecimiento de la empresa y las relaciones humanas.

A medida de que la plataforma creció, se fueron agregando trabajadores en cada área, hasta que se llegó a consolidar un equipo de 40 personas.

Para mantener el control de todos y cada uno de los detalles, tuvieron que evolucionar y comenzar a utilizar otras tecnologías que permitieran organizar las tareas.

Primero probaron con *Asana*, pero finalmente se decantaron por usar *Trello* por ser más visual, lo cual es bastante importante cuando se trabaja a distancia.

Con mucho trabajo y buena comunicación, este Equipo Virtual ha creado una plataforma que funciona realmente bien y obtiene grandes ganancias.

Por tanto, se puede decir con toda tranquilidad que para que todo funcione en un equipo Virtual, tan solo es necesario contar con la tecnología que les permita registrar, formar y compartir ideas y con los medios para que la comunicación del equipo sea constante.

Y por supuesto, como último pero no menos importante requisito, contar con un equipo formado por personas comprometidas a lograr el éxito es esencial.

Segundo Caso de Estudio: Competición de Equipos Virtuales "FOODCO"

Esta competición inició con la conformación de seis Equipos Virtuales.

Cada equipo debía contar con cinco miembros, a cada uno de los cuales se les asignó un patrocinador, y uno de ellos debía ser, como requisito indispensable, una persona con experiencia relevante en la realización de proyectos virtuales.

El proyecto debía entregarse en ocho meses.

Pero, más allá de la evaluación final, se registraron también las expectativas iniciales, los avances que lograron a los dos meses y el avance de cada equipo a la mitad de la operación, a los cuatro meses.

De esta forma, al revisar la actividad completa, se puede ver todo lo que el grupo hizo bien o mal, para así aprender de cada etapa del proceso.

Inicialmente, todos los equipos comenzaron con las mejores expectativas.

Incluso algunos grupos tenían previsto terminar en tiempos muy cortos y hablaban de trabajar muchas más horas diarias de lo necesario, algo que hizo resaltar que tan solo dos grupos estaban más enfocados en trazar el camino para realizar el proyecto (proponer estrategias, hablar de programas a usar, hablar de los horarios de trabajo y comunicación) que en el hecho de cómo terminar el proyecto.

A los dos meses de iniciar el proyecto, se realizó una comunicación con todos los participantes para hacer una medición del avance de cada uno.

El resultado fue que, a pesar de que había pasado un cuarto del tiempo total, algunos grupos ni siquiera habían comenzado a trabajar formalmente en los proyectos.

Se pudieron observar entonces, cuatro grandes problemas que presentaban más de la mitad (cuatro) de los equipos participantes:

1- El NO establecimiento de las funciones que debe cumplir cada miembro.

2- El NO tener la ruta o esquema del proyecto trazado.

3- No tener establecidas las horas de trabajo.

4- La falta de un miembro motivador que funcione como líder.

Justo a la mitad del periodo de trabajo se realizó otra comunicación con los miembros de los equipos.

En este momento, todos los equipos tenían el proceso mucho más estructurado, pero había una enorme diferencia entre los avances de cada grupo.

Los equipos que se estructuraron desde el comienzo, habían mantenido horarios de trabajo y comunicación durante todo el proceso, lo que dio como resultado que eran los que estaban más avanzados y contaban con unas creaciones en las que se podían reflejar ideas de todos los participantes.

Sin embargo, uno de los grupos que iba algo atrasado en la revisión que se hizo a los dos meses, ya había nombrado un líder y habían solicitado apoyo de su patrocinador para la estructuración y planificación.

Este tuvo un gran avance y gracias a eso, no se encontraban muy lejos de los grupos más avanzados.

Mientras tanto, dos grupos seguían con graves problemas porque algunos de los participantes habían trabajado mucho menos de lo que debían.

La entrega final fue una carrera impresionante.

Algunos equipos hacían todo lo posible para, al menos, culminar su proyecto mientras que los tres equipos más avanzados intentaban agregar a sus proyectos los detalles que los hicieran superiores al resto.

Los proyectos fueron revisados por un jurado formado por siete ejecutivos de *FOODCO* y cinco docentes de la Universidad de Oklahoma.

¿Resultados Finales?

Como era de esperar, los dos grupos que terminaron el proyecto en el último momento tuvieron los peores resultados.

El grupo que comenzó a intentar mejorar sus estrategias de comunicación y planificación después del cuarto mes, pudo entregar un proyecto bastante completo, pero no llegó al nivel requerido para poder competir con los dos grupos que planificaron desde el inicio, ni con el grupo que comenzó a trabajar fuertemente tras solicitar ayuda a su patrocinador.

Este proceso fue increíblemente enriquecedor para *FOODCO*.

A cambio de una inversión menor a la que hubiesen tenido que realizar en otra situación, pues obtuvieron cuatro proyectos muy buenos que les presentaban cuatro perspectivas distintas.

Como se puede observar en este caso de estudio, para llegar a ser exitosos, los Equipos Virtuales deben:

Mantener una comunicación constante.

Planificar sus estrategias continuamente.

Tener a todos sus miembros comprometidos.

Buscar ayuda en todos los sitios disponibles (en este caso en los patrocinadores).

Claro que para llevar a cabo todas estas estrategias **es necesario que el equipo tenga un líder** que haga un seguimiento del trabajo de los demás miembros del equipo, que se cerciore de que todos cumplan su parte del trabajo y que organice las reuniones en las que todos los miembros pueden aportar sus ideas y mejorar el área del proyecto en la que trabajan.

Tercer Caso de Estudio: Manejo del Crecimiento Acelerado según Zapier

Poder alcanzar el éxito en un Equipo Virtual puede llegar a ser complicado, pero con trabajo duro y constante se puede lograr y *Zapier* es un ejemplo de ello.

Esta plataforma se comenzó a desarrollar en octubre de 2011, cuando sus tres fundadores decidieron embarcarse en una expedición para construir una herramienta nueva y revolucionaria.

Cada uno de ellos residía en una zona distinta de los Estados Unidos, pero a pesar de ello, idealizaban el mismo objetivo.

Durante el primer año de desarrollo de este proyecto, trabajaban en su creación solo en el tiempo libre que les quedaba después de estudiar y trabajar. Pero, poco a poco, su creación fue volviéndose más real y comenzó a exigirles más dedicación.

En junio de 2012, estas tres personas decidieron alquilar un apartamento en *Mountain View*, *California* y durante los siguientes tres meses enfocaron todas sus energías en la creación de *Zapier*.

Estos tres meses fueron el único momento en el cual todo el equipo de *Zapier* trabajó en conjunto en una misma localidad física

A partir de octubre de 2012, el equipo comenzó a crecer de forma que, desde octubre de 2012 a abril de 2015 se unieron en total 21 nuevos integrantes de distintos estados de los Estados Unidos y de distintos países como Tailandia, Reino Unido y España.

A pesar de que aún sigue siendo un grupo bastante pequeño, el equipo ha crecido exponencialmente y para llegar al punto en el que se encuentran actualmente (lanzaron al mercado un producto exitoso que es controlado por un grupo bien estructurado) ha tenido que pasar por muchísimas situaciones adversas, de las que han sacado muchas enseñanzas gracias a las cuales podemos aprender hoy.

Toda la estructura que hoy en día forma *Zapier* descansa sobre tres grandes bases: su equipo, sus herramientas y sus procesos de control.

Para que estas bases sean sólidas, los fundadores de *Zapier* las han erguido teniendo en cuenta ciertas características:

Las personas que conforman el equipo

Este es el ingrediente más importante.

Cualquier persona no puede ser parte de un Equipo Virtual de trabajo, por eso es muy importante contar con personas que permitan que la actividad se desarrolle correctamente.

Todos los miembros que conforman el grupo de trabajo de *Zapier* cumplen con las siguientes características:

#1 Deben ser personas ejecutoras:

Tienen que ser de esas personas que van a completar la tarea que se le asigne sin importar el lugar donde se encuentren o lo rebuscada que sea la situación.

Todo el equipo de *Zapier* está conformado por personas que cumplen con esta exigencia, son personas a las que no les importa hacer lo que sea para que la magia ocurra.

#2 Todos los miembros del equipo deben generar confianza:

La confianza es la clave, pues trabajar con alguien que está muy lejos y que no te genera confianza es imposible porque el equipo se desgasta y no se logra avanzar nunca.

También es importante en este sentido que las cabezas de las operaciones hagan que el resto de los trabajadores se sientan cómodos dentro del equipo.

#3 Los miembros del equipo deben saber expresarse a través de la escritura:

Cuando la información no se transmite en persona sino que es transmitida a través de cualquier otra vía de comunicación, puede ocurrir que el mensaje sea malinterpretado.

Los miembros del equipo deben saber hacerse entender por cualquier vía, especialmente por la escritura, que puede llegar a ser una de las que más se distorsiona.

Las Herramientas

#1 Slack:

Se podría decir que en este programa es donde se ubica la oficina virtual de *Zapier.*

Si no se crean los canales adecuados, la comunicación puede volverse realmente compleja. Imagina a una veintena de personas hablando en una sola sala de chat... ¡Todo un caos!

Al estar distribuidos los canales, de esta forma, se crea la posibilidad de que más de un departamento trabaje a la vez sin interrumpir a los demás.

Actualmente, en el equipo se utilizan 23 canales distintos para comunicarse y cada uno cumple una función distinta.

#2 Async:

Antes de usar esta herramienta el equipo usaba *WordPress P2*, pero *Async* se adaptó mejor a sus necesidades.

Este es una especie de Blog que trabaja de forma similar a la red social *Reddit* y es usado por los integrantes del equipo de *Zapier* como un archivador. En caso de necesitar una información antigua, *Async* es el lugar a donde los miembros del equipo se dirigen para obtenerla.

#3 Trello:

Esta herramienta es un gestor de proyectos increíblemente potente. *Trello* es el lugar al que recurren todos los miembros de *Zapier* para saber qué actividades deben realizar.

En este programa, los miembros de cada departamento hacen descripciones detalladas y desglosadas de las actividades que hay que llevar a cabo y registran los avances que han logrado en cada actividad.

Trello es donde se encuentra el calendario con las distintas fechas importantes de los proyectos.

#4 GitHub:

GitHub ha sido vital para la construcción de *Zapier*, ya que en este se albergan todas las gestiones relacionadas con códigos de programación.

#5 Lastpass:

LastPass se usa para que cualquier miembro pueda iniciar sesión en todos los servicios que utiliza el equipo desarrollador de *Zapier*. Así todos pueden integrarse sin tener que conocer las credenciales de inicio de sesión.

#6 Google Docs y Hackpad:

Estos son los dos mejores programas para compartir documentos y hojas de cálculo.

El equipo inició usando *Google Docs*, pero la interfaz de *Hackpad* se adaptó mejor a las expectativas de los miembros del equipo a lo largo del tiempo.

#7 GoToMeeting:

Existen muchas herramientas para realizar videoconferencias, pero la mayoría colapsan y se vuelven realmente lentas cuando la conferencia incluye a más de 4 personas, *Skype* y *Hangout* son un ejemplo de esto.

GoToMeeting es una herramienta de videoconferencias bastante básica, pero cuenta con una calidad de audio y vídeo con la que no puede competir ninguna otra herramienta similar.

#8 Hello Sign:

Esta es la herramienta que hace que no vuelva a ser necesario imprimir un documento, firmarlo y escanearlo con la firma para luego enviarlo, ya que facilita enormemente el proceso de agregar una firma o sello a los documentos.

Procesos de control y registro

#1 Todos hacen soporte:

Para esta empresa "el cliente siempre tiene la razón".

Más allá de ser una frase cliché, es una filosofía de trabajo.

Al equipo de *Zapier* nada le importa más, que el hecho de que el cliente se sienta feliz usando la plataforma, que la recomiende y que, gracias a sus buenas referencias, traiga consigo más clientes.

Todos y cada uno de los miembros del equipo están capacitados para realizar soporte. Así, siempre que un cliente necesite soporte va a haber alguien capaz de brindárselo.

#2 Hangouts semanales:

Cada jueves a las 9 am en horario PDT, hay charlas o reuniones en las que deben participar todos los miembros, ya que a veces hay tanto trabajo que las personas dedicadas a un área podrían pasar semanas sin saber del resto de sus compañeros de no ser por estas reuniones.

Es muy importante para ellos mantener el contacto con todos los miembros del equipo y esta es una buena forma de hacerlo.

#3 Compartir con un solo miembro:

Semanalmente, cada miembro debe comunicarse con un miembro distinto del grupo durante al menos 10 o 15 minutos.

En este tiempo pueden desconectarse del ámbito laboral y crear nexos con su compañero o bien, discutir cosas puntuales del trabajo que competen a los dos.

La idea es que cada persona conozca, al menos un poco, de todos sus compañeros.

Esta también es una buena forma de mantener la amistad y de crear conexiones más fuertes.

#4 Entrevistas personales:

Los fundadores hacen una entrevista mensual personalizada a cada miembro del equipo, en la que se les hacen las siguientes preguntas:

¿Qué te mantiene motivado en el trabajo?

¿Hay algún aspecto del trabajo que te preocupe o que creas que debe ser atendido?

¿Necesitas que te doten de algo para mejorar el rendimiento de tu trabajo?

¿Crees que puedas hacer algo para mejorar tu rendimiento?

Las entrevistas quedan registradas para compararlas con entrevistas futuras o para usar material de estas en futuras reuniones.

De esta forma, los fundadores de *Zapier* pueden conocer las opiniones del resto del equipo, pueden corregir las cosas que creen que están mal o pueden dotar a miembros del equipo con sus requerimientos, en caso de que haga falta.

#5 Rendición de cuentas:

Todos los viernes, cada miembro envía una actualización de las actividades que cumplió durante la semana.

Es importante mantener la supervisión de las actividades que ejecutan todos los miembros del equipo.

#6 Reuniones personales:

El equipo se reúne al menos dos veces al año, con todos los gastos pagados por *Zapier*.

Aunque parece caro, se puede ver como una inversión para mantener felices y unidos a todos los miembros del equipo usando menos dinero del que habría que destinar para mantener una oficina.

#7 Automatizar todo lo que se pueda:

El grupo se mantiene en una búsqueda constante de programas que ayuden a mantener el trabajo automatizado.

De esta forma, se puede dejar de gastar tiempo y energías en ciertas actividades, básicas pero tediosas, que puedan ser ejecutadas por algún programa.

#8 Aprender de los demás:

En Internet hay poca información sobre Equipos Virtuales, pero son muchos los equipos que comparten sus experiencias y en *Zapier* consideran que es importante buscar experiencias de otros Equipos Virtuales.

Por eso, a pesar de toda la experiencia que tiene el equipo de *Zapier* hoy en día, aún siguen intentando aprender de las experiencias de otros.

Ellos tienen muy claro que no existe una técnica única e irrefutable para formar un Equipo Virtual exitoso, sino que hay que probar todo lo que se pueda hasta encontrar lo que funcione mejor.

A pesar de que cada vez existen más Equipos Virtuales, más tecnología que permite a las personas trabajar a distancia sin tener necesidad de estar todas en una oficina y muchas más personas que deciden tomar este tipo de oportunidades de trabajo, no existe tanta información sobre el tema como debería, ni por escrito, ni en Internet.

Por este motivo, crear un Equipo Virtual puede llegar a ser bastante complejo, pero si aprovechamos las experiencias de los equipos exitosos, podemos ponernos en esta sintonía para alcanzar nuestras metas.

Solo espero que podamos sacar juntos el mejor provecho a esta información y que, en caso de que se generen más experiencias de trabajo con equipos virtuales, estas se compartan para generar conocimiento e inspiración útiles a todos.

Recapitulando

Existen distintos tipos de Equipos Virtuales, según sus funciones y su organización.

Generar una Cultura Empresarial puede parecer una tarea imposible si no se aprovechan las herramientas que permiten mantener comunicado al equipo y generar relaciones humanas reales entre sus miembros.

Los Equipos Virtuales deben tener un líder, objetivos claros, una planificación adecuada y valerse de las herramientas tecnológicas que le permitan funcionar de manera adecuada, tanto a nivel laboral como personal.

Registrar los procesos, evaluar el desempeño de los equipos y generar conocimiento a partir del trabajo es esencial, tanto para que el equipo virtual propio funcione como para aportar a la comunidad.

Recursos útiles

Puedes conocer con mayor detalle las experiencias de los equipos que he analizado en esta sección en los siguientes enlaces:

http://blog.teamtreehouse.com/building-and-managing-virtual-teams

https://zapier.com/learn/the-ultimate-guide-to-remote-working/

https://organized-change-consultancy.wikispaces.com/file/view/VirtualTeams.pdf

Al aprender de las experiencias de los demás, evitamos pasar por los caminos incorrectos y podemos comenzar con el pie derecho y acortar la curva de aprendizaje, en lugar de arrancar desde cero.

Lo que te voy a contar a continuación es lo que tendrás que afrontar cuando la decisión esté tomada...

¿Cómo contratar?

CAPÍTULO V.

CÓMO CONTRATAR

La tecnología moderna es la gran facilitadora de que la modalidad de trabajo freelance esté en pleno auge y revolucionando completamente, en mi opinión para mejor, el mundo del trabajo.

Como ya he comentado, he vivido en carne propia este cambio y gracias a las plataformas de teletrabajo que funcionan a través de Internet, pude contratar el personal de mi empresa, en cualquier lugar del globo, de forma segura, transparente, controlable y lo más interesante, escalable.

En el pasado, las motivaciones para contratar teletrabajadores eran obvias para mí, necesitaba personas que hablaran en español y era imposible encontrarlas en Malasia, pero una vez de vuelta en Buenos Aires, esto dejó de ser una "necesidad".

Entonces, ¿por qué seguir haciéndolo?

Por dos motivos, para encontrar el talento adecuado, sin importar dónde se encuentre, y no quedarme atrás.

Pero conseguir este talento no fue fácil desde el inicio, ya que no solo fue cuestión de aprender a manejar estas plataformas, que de hecho son muy intuitivas, sino de encontrar una forma de contratar que me permitiera hallar el mejor talento con el menor esfuerzo posible y de una forma escalable.

El mercado de trabajadores a distancia o trabajadores freelance aumenta cada año. Es decir, que hay montones de personas que por sus propios medios deciden unirse a esta *gig economy*.

Pero así como las personas consideran que trabajar de forma freelance es su mejor opción, son muchas también las empresas que apoyamos esta visión de trabajo y cada vez somos más las que contratamos servicios por proyectos, de profesionales especializados para que completen ciertas tareas dentro de nuestra organización.

Una encuesta de *Addison Groupp* concluyó que el 88% de los departamentos de recursos humanos se sienten en la actualidad más cómodos contratando freelancers de alto nivel de lo que lo estaban hace 5 años, mientras que el 58% de los empleados de Estados Unidos y el 65% con edades de entre 18 y 25 años, dijeron estar más cómodos trabajando con contratos temporales.

Para las grandes compañías, acostumbradas quizás a tener trabajadores fijos *full time* y pagarles un sueldo mensual, vacaciones y beneficios laborales, las ventajas de contratar trabajadores independientes y formar equipos de trabajo virtuales son muchas:

Logran ahorrar mucho dinero, ya que se reducen considerablemente los gastos fijos que genera el tener un trabajador *full time*.

Ahorran en infraestructura porque no tienen que destinar al trabajador un área de trabajo dentro de sus instalaciones. Es decir, no deben adquirir escritorios, sillas u ordenadores...

Pagan menos electricidad, agua y servicios en general.

Gracias a todo esto, tienen la capacidad de pagar un precio más alto por los servicios del freelancer y aun así, ahorrar dinero al no tener que darle al trabajador los beneficios laborales que conlleva un contrato a tiempo indefinido.

En otras palabras, pueden destinar buena parte del presupuesto a pagarle a un trabajador independiente un alto precio por su trabajo, sin que eso repercuta negativamente en los números de la empresa.

Además, la empresa se asegura que la tarea asignada sea ejecutada de la mejor manera posible por el freelancer más talentoso, ya que contrató personal cualificado y especializado en esa labor, que trabaja en el área que más le gusta y lo hace con gusto y satisfacción.

De hecho, las empresas pueden contratar varios freelancers y formar Equipos Virtuales de trabajo, como ya hemos visto, que consisten en un grupo de personas que realizan un grupo similar de tareas para lograr un objetivo común, sin que necesariamente estén en la misma ubicación geográfica, ni siquiera en el mismo continente.

El reto al que se enfrenta una empresa en el momento de decantarse por la contratación a distancia, así sean freelancers o con la intención de conformar Equipos Virtuales, es encontrar la forma de ubicar a estos freelancers.

La experiencia me llevó a entender tres cosas fundamentales:

Mi empresa comenzaría a tener una reputación online en estas plataformas donde busco el talento.

Dado que las propuestas de trabajo se mostrarían a montones de teletrabajadores, debía encontrar una forma efectiva de filtrarlos si no quería perder horas y horas entrevistándolos de las formas convencionales.

Necesitaba un sistema para contratar de forma efectiva.

¿Por dónde comenzar?

Conseguir teletrabajadores es bastante sencillo hoy en día gracias a la existencia de plataformas de teletrabajo o *marketplaces* en las que los clientes o empresas publicamos avisos buscando teletrabajadores para realizar una tarea determinada o para trabajar a largo plazo en un Equipo Virtual.

Por decirlo de otra manera, son la versión virtual de las bolsas de trabajo o los anuncios clasificados del periódico.

Las plataformas de teletrabajo siempre son la opción más recomendada porque nos proporcionan la seguridad necesaria para el trabajo en un entorno virtual.

Además, gracias al sistema de *"escrow"* nos garantizan que el trabajo que paguemos vaya a ser realizado de la forma en que solicitamos, luego te hablaré más acerca de este tema.

Otro beneficio es que publican el perfil de la empresa y muestran las experiencias pasadas y el feedback de los teletrabajadores a medida que se van completando los trabajos solicitados.

Además de en estas plataformas, también pueden encontrarse teletrabajadores de forma offline, "a la vieja usanza", o bien, creando un anuncio en el sitio web de la empresa, en las redes sociales o por e-mail.

El procedimiento para contratar teletrabajadores en las plataformas es muy simple:

Paso 1. Registrarse como usuario. Generalmente debemos elegir la opción "cliente" o "empresa"

Paso 2. Completar el perfil.

Paso 3. Crear los avisos de trabajo.

Paso 4. Elegir entre los postulantes.

En general, para comenzar en cada plataforma simplemente necesitamos registrarnos como usuario y completar un perfil con la información personal o de la empresa.

En cada plataforma hallaremos un motor de búsqueda que nos permite buscar los freelancers de la profesión que solicitamos o bien, navegar en una lista de categorías y subcategorías para encontrar los potenciales teletrabajadores.

Para ello, tan solo basta con buscar palabras clave relacionadas al área de teletrabajo que necesitemos cubrir en nuestra empresa y comenzar a contactarlos. O bien, generar avisos para que los freelancers mismos elijan si postularse o no.

Eligiendo al azar algunas plataformas y observando detenidamente, podremos notar que todas tienen un diseño diferente pero su funcionamiento es básicamente el mismo.

En algunas, nuestros avisos se llamarán "ofertas", en otras "Jobs" (trabajos), en otras "proyectos", en otras "gigs", etc. Cada plataforma tiene sus propios códigos y denominaciones, pero una vez que se domina una, tranquilamente se puede contratar en todas las que queramos, aunque en mi opinión, es mejor concentrarse en una o dos plataformas para concentrar la experiencia y las calificaciones.

¿Cuáles son las plataformas de trabajo más populares?

En la actualidad, existen decenas de sitios web especializados en conectar a las empresas con los freelancers.

Algunas son bastantes genéricas y no tienen un nicho de mercado específico. Es decir, en ellas se pueden contratar, tanto escritores y traductores como asistentes personales y hasta desarrolladores web.

Entre ellas se pueden citar las que ya hemos comentado anteriormente.

También existen las *websites* especializadas en profesiones en específico, que se encargan de conectar a un grupo de profesionales en una sola área con las empresas que solicitan sus servicios. En esta categoría se encuentran plataformas como Kaggle.com u otras, como ya hemos visto en "De lo más simple a lo más complejo".

A continuación te dejo una lista de las más relevantes, para que tengas más fácil comenzar tu búsqueda:

En español:

Workana www.workana.com

Nubelo www.nubelo.com

Freelancer www.freelancer.com

99Designs es.99designs.com

Disponibles solo en inglés (aunque con freelancers hispanohablantes):

WriterLance www.writerlance.com

Upwork www.upwork.com

Freelancer www.freelancer.com

Fiverr www.fiverr.com

Recuerda que para comenzar a publicar los avisos, solo es necesario elegir una de estas y comenzar el proceso de contratación.

Cómo y por qué hacer un Perfil atractivo

Esta es una de las cuestiones más importantes que se busca en las plataformas de teletrabajo, la creación de perfiles atractivos.

No solo es determinante para los teletrabajadores, sino también para las empresas ya que funciona como un gran filtro para quienes se postulan.

Es un paso que no debe dejarse de lado, ya que nuestra reputación será esencial a la hora de encontrar el mejor talento para que trabaje en nuestra empresa.

¿Qué ítems debe cumplir un buen perfil de empresa en una plataforma de teletrabajo?:

Ser lo más completo posible acerca de lo que es y hace la empresa.

Ser claro y redactarlo de forma sencilla y concreta.

Concentrar en unas pocas líneas la cultura de la empresa y lo que la diferencia de las demás.

Poseer una foto de perfil, generalmente la mejor opción es utilizar el logo.

Métodos de pago verificados.

Hay un pequeño truco para conseguir a los mejores freelancers, que la mayoría de las empresas o clientes desaprovecha y es que nuestro perfil no debe hablar tanto de la empresa en sí y sus actividades, sino de lo que tenemos para ofrecer, las oportunidades y de por qué será una experiencia invaluable el trabajar en nuestra empresa.

Para destacar entre una multitud y conseguir el mejor talento, tenemos que hacer hincapié en lo que mejor hacemos y en lo que nos diferencia de los demás.

Además, toda la información debe quedar clara en el perfil, ya que esta es la primera impresión que generamos y de esta dependerá el tipo de teletrabajadores que se postulen en nuestros avisos.

Cómo preseleccionar a los teletrabajadores y a cuáles evitar

Un gran error al comenzar a contratar teletrabajadores es no fijarse quiénes son y cómo es su perfil.

El aprender a evaluar al teletrabajador, una vez recibimos su propuesta, marca realmente la diferencia a la hora de tener una buena experiencia, un buen feedback y no perder un valioso tiempo en el proceso de elección.

Para preseleccionar a los teletrabajadores, debemos revisar:

La forma en que escribió su propuesta, si es específico, claro y profesional.

Cuáles son las calificaciones que le han dado otros clientes.

Su historial de finalización de tareas, si ya ha trabajado en la plataforma o no.

Si la plataforma lo permite, comprobar que sea un usuario verificado. Es decir, que sea una persona real que ha dado la cara o mostrado su identificación a la plataforma.

Sin duda, los freelancers que debes seleccionar deben cumplir con estos ítems.

Si la propuesta no es clara, no explica detalladamente el poder cumplir con la tarea que necesitamos que haga o no se ha ocupado de responder correctamente el aviso, evítalo.

Nada más simple que eso.

Como he mostrado en la lista de ítems, las plataformas de teletrabajo te permiten calificar a los freelancers.

Por eso, si queremos gozar del beneficio de evaluar este punto, debemos acostumbrarnos a dejar nuestras calificaciones siempre.

Si nos encontramos con un freelancer novato, debemos procurar evaluar bien su propuesta y hacerle las preguntas necesarias para estar seguros de que podrá entregar un buen trabajo.

Los freelancers novatos en una plataforma, usualmente tratarán de ganarse una buena reputación en la misma, por lo cual, hay casos en que pueden llegar a ser la mejor opción.

Estando atentos evitamos contratar teletrabajadores que fueron calificados negativamente (muchas veces de forma justa, otras veces, no) o bien, freelancers que no dan detalles suficientes o envían propuestas genéricas copiando y pegando.

A su vez, evaluando nuestro perfil como clientes, también ellos pueden comprobar si tenemos buen karma pagando, si nuestras formas de pago están verificadas, si nunca terminamos los proyectos y cómo solemos calificar.

Otro factor de alerta que tendrán en cuenta los teletrabajadores es la cantidad de trabajos completados que figuren en nuestros perfiles.

Es muy importante ser pulcros en el manejo de las plataformas, ya que los trabajos que quedan en la etapa de "selección de candidatos" o trabajos "cancelados" sin selección de candidatos, pueden ser interpretados como una mala señal y los teletrabajadores con más experiencia nos evitarán por completo para evitar ser estafados.

Estos son algunos de los datos que se deben tener en cuenta a la hora de evaluar a tus teletrabajadores y conseguir que solo los mejores se postulen.

Cómo hacer avisos efectivos

Una vez que esté completo el perfil es hora de crear los primeros avisos y comenzar a evaluar a los postulantes.

En este paso, lo que debemos procurar es hacer un aviso que funcione como filtro y nos ahorre tiempo de explicaciones posteriores.

Los mejores freelancers reciben incluso invitaciones particulares a los avisos, por lo cual, obtener al mejor talento dependerá de que nuestro aviso sobresalga entre el montón.

El primer paso, sin lugar a dudas, es definir qué capacidades profesionales debe tener el trabajador que se necesita y cuáles deben ser sus habilidades específicas y lo que definirá su contratación.

Por ejemplo:

Imagina que necesitas contratar los servicios de un traductor inglés-ruso, cuya lengua madre sea el inglés.

También deberás especificar que cuente con experiencia en el lenguaje médico, ya que su tarea será la traducción de un texto de cirugía cardiovascular que se escribió en inglés, que debe conocer a la perfección las reglas gramaticales y ortográficas rusas y tener experiencia previa traduciendo este tipo de textos.

Por último, es deseable, más no excluyente que tenga experiencia trabajando a distancia.

Con todo esto claro, comienza la búsqueda.

Esta es una etapa en la que debemos poner mucha atención y seguir los siguientes consejos, puede darnos más oportunidades de conseguir el mejor talento para cubrir un puesto:

Destacar las habilidades que necesitamos que tenga el freelancer a escoger.

Centrarse en el trabajo que necesitamos que se lleve a cabo y detallar las tareas con la mayor exactitud posible.

Escribir preguntas específicas que necesitamos que se respondan. Algunos freelancers copian y pegan propuestas para conseguir mayor cantidad de entrevistas, por lo que no viene mal esconder un "código" al final del aviso o una cantidad de preguntas a responder, sí o sí, para asegurarnos de que el postulante leyó por completo el aviso y respondió con atención nuestra propuesta.

Solicitar que se envíen pruebas de experiencia, un portfolio online, ejemplos de trabajos similares realizados o un enlace al perfil profesional (puede ser *LinkedIn*, *Behance*, *About.Me* o incluso, un sitio web personal).

Especificar el rango de presupuesto que se está dispuesto a pagar por el trabajo y solicitar que se envíe una cotización y un estimativo del tiempo que tomará realizar la tarea.

Indicar si el freelancer debe poseer algún tipo de equipo o requisito tecnológico para realizar el trabajo.

Es conveniente también hablar un poco de la empresa para la cual se realizará el trabajo, su filosofía y valores, sobre todo, si esperamos incluir al freelancer a un equipo virtual.

Asegurarnos de que los postulantes leyeron nuestros avisos completos es esencial. Por eso, los mismos deben ser completos y muy específicos, ya que funcionarán como nuestro primer filtro.

Una persona perezosa a la hora de postularse, seguro que no será el teletrabajador ideal y no deberíamos siquiera perder tiempo en una entrevista.

Particularmente, otro factor que suelo tener en cuenta a la hora de contratar teletrabajadores es la pasión y el interés que han demostrado por el trabajo o la tarea a realizar.

Un teletrabajador puede tener un perfil increíble y un currículum asombroso, pero a veces es más productivo contratar a una persona dispuesta a aprender, que se ha interesado realmente en el trabajo y le ha puesto todo su empeño a la propuesta.

La etapa de evaluación de propuestas también es el único momento que tienen los teletrabajadores de sacarse todas las dudas acerca del trabajo que realizarán, por lo que si algo no ha quedado claro en nuestro aviso, debemos responder estas preguntas y tomar nota para los próximos.

Las consultas también serán un buen indicio de que el teletrabajador está realmente interesado en hacer un buen trabajo.

Finalmente, quiero destacar que nunca está de más releer nuestros avisos para comprobar que hayamos especificado todo lo necesario acerca de las tareas a realizar. Incluso podemos mejorarlos teniendo en cuenta las consultas que realizan los primeros postulantes.

El proceso de selección

Una vez que hayamos decidido en qué plataforma hacer la búsqueda del talento, creado el perfil y tengamos lista una exitosa publicación, es tiempo de comenzar el proceso de selección.

Para comenzar, nos debemos apoyar en la definición de la búsqueda que hicimos al inicio del proceso. Como ya se definió correctamente el perfil que se busca, la posibilidad de que varios candidatos calificados apliquen es mayor.

Una vez publicada la oferta de trabajo, solo queda esperar a que los freelancers se postulen.

Finalizado el proceso de postulación, comienza la etapa más dura: **escoger a uno que encaje con el perfil que se requiere**.

Con seguridad se recibirán más propuestas de las que esperamos manejar.

Esto es casi una ley. Se postularán varias personas calificadas para el trabajo y algunas otras no tan preparadas para llevar a cabo la tarea.

Es en este momento cuando se debe realizar un *screening process*, es decir, definir con qué criterios filtrar los candidatos que se postulen.

Podemos decidir si filtrarlos por el costo del servicio, por sus habilidades específicas, por su experiencia dentro de la plataforma y por la propuesta que han realizado.

Luego de descartar a los freelancers que no cumplen con las expectativas, se debe realizar otro proceso de selección.

En esta etapa, es importante revisar el *feedback* que otros clientes han dejado en los perfiles de los candidatos.

Allí podemos tener una idea de trabajos anteriores que el trabajador haya completado dentro de la plataforma y ver qué piensan sus antiguos clientes del candidato y su trabajo. Además, puede comprobarse si el profesional ha realizado trabajos similares a los que se requieren.

Una vez completas las preselecciones, es necesario comenzar a hacer las entrevistas, ya sea dentro de la misma plataforma o apoyándonos en herramientas como *Skype* o *Hangout*.

El beneficio de entrevistar al candidato es que podemos conversar con él y conocer más acerca de sus habilidades comunicativas.

Es útil realizar preguntas específicas y así analizar su forma de respuesta a situaciones cotidianas.

Por ejemplo, se le puede preguntar, *"¿Qué herramientas digitales usa para completar esta tarea?"* o *"¿Cuánto tiempo tarda en realizar tal tarea?".*

Por otra parte, podremos conocer su personalidad. Que exista empatía y compatibilidad con el postulante es vital para que el trabajo fluya de la forma correcta.

De esta manera, si el freelancer con el que hubo más *feeling* no tiene calificaciones dentro de la plataforma, pero tenemos el presentimiento de que podríamos trabajar muy bien con él, es recomendable asignarle una tarea pequeña como prueba y a partir de ahí decidir si es el indicado.

Algunas preguntas clave que suelo incluir en las entrevistas:

Preguntas sobre situaciones: *"¿Qué harías si...?"*

"Del 1 al 10, ¿cómo te sientes de afortunado?"

"¿Por qué debería contratarte?"

"¿Qué haces fuera del trabajo?"

"¿Cuál crees que dirían tus amigos o tu ex jefe que es tu mayor debilidad?"

Estas preguntas me permiten saber cómo responderá el freelancer a diversas situaciones, si realmente le apasiona el trabajo que realiza y si está interesado en pertenecer a mi empresa.

Otra opción para contratar freelancers que esperamos se unan a nuestro Equipo Virtual es crear un *Internship* en la empresa.

La pasión por el trabajo a realizar, la compatibilidad de trabajo con esas personas y con el resto del equipo y la adaptación a los procesos de la empresa, son cosas que no podemos detectar en una entrevista, solo podemos hacerlo trabajando con ellos.

La idea es ofrecer conocimiento y experiencia en este *Internship*, mientras que probamos a varios freelancers para cumplir una misma tarea y nos aseguramos de contratar a la persona ideal para cumplir ese trabajo y para integrarse al equipo.

En este punto debemos decidir si pagaremos con dinero u ofreceremos alguna otra retribución más allá de la experiencia que ganarán al formar parte del equipo.

Asignar pequeñas tareas muy puntuales es lo ideal para ver cómo se van desarrollando en cada una de ellas y al final, si su trabajo fue exitoso, el freelancer se desempeñó bien, se comunicó correctamente, trabajó con pasión y se comprometió no solo con la tarea sino con los valores de la empresa, podemos pensar en contratarlo.

¿Cómo automatizar este proceso?

Así tengamos que contratar a uno o a veinte teletrabajadores, podemos automatizar el proceso para que esto nos lleve el menor tiempo posible:

Paso 1. Crear un anuncio de reclutamiento.

En mi experiencia, lo mejor es hacerlo en vídeo.

En este vídeo explico las habilidades que debe poseer la persona a postularse y las características del trabajo a realizar.

Paso 2. Las personas que deciden postularse deben completar un formulario.

Lo más importante es ser precisos en los datos y las preguntas que pedimos para que cuando las respondan, tengamos la mayor cantidad de datos posibles antes de pasar al siguiente estadío de selección.

Paso 3. Comprobar su entusiasmo.

Una vez que tenemos a los postulados, suelo pedirles un vídeo de aplicación en el que los freelancers deben contar cuáles son sus expectativas para este trabajo, cómo van a realizarlo, cuáles son sus experiencias previas o cuáles son sus habilidades.

Paso 4. Evaluación previa.

Antes de pasar a la etapa de entrevista, suelo crear una pequeña tarea de evaluación que tiene un procedimiento muy específico y debe completarse de forma correcta para pasar a la entrevista.

De esta manera, comprobamos, en primer lugar, que la persona es capaz de realizar las tareas del *Internship* y por otro lado, que es capaz de adaptarse a los procesos de la empresa de forma adecuada.

Paso 5. Informe de preselección.

A quienes han llegado a este estadío, se les envía un vídeo en el que se habla de la empresa, nuestra visión, valores y cultura. Y por otro lado, se les explica qué van a aprender en el *Internship*, para qué les servirá la experiencia y que existe la posibilidad de que queden contratados o no.

Paso 6. La entrevista.

En la entrevista iremos directo al grano con respecto al trabajo a realizar, realizaremos algunas preguntas para conocer mejor al freelancer y explicaremos que se trata de un *Internship*, de un "experimento", en el que hay varios candidatos y no es seguro que sean contratados.

Paso 7. Entrenamiento.

Debemos proporcionar el entrenamiento adecuado para que la experiencia resulte positiva para el freelancer, así sea contratado luego o no.

Esto puede lograrse brindando productos de formación, cursos, compartiendo los procesos de la empresa a través de Wikis, vídeos de formación, etc.

De esta manera, su entrenamiento será automatizado también.

Paso 8. Control.

Suelo solicitar a los freelancers en un *Internship* que envíen a diario un e-mail comentando: "qué hice hoy", "qué haré mañana" y las dificultades.

Esto sirve para ver cómo se están desempeñando en el trabajo de forma rápida y evitar trabajos mal hechos.

También, ver las dificultades puede ayudarnos a mejorar los procesos de la empresa.

Por ello, semanalmente se realiza un *meeting* en que se esclarecen las tareas a realizar y mensualmente se evalúa el *"stop, start, continue"*, métodos de los que te hablaré con mayor detenimiento en el próximo capítulo.

Paso 9. Entrevista de salida.

En esta entrevista daremos al freelancer nuestro feedback acerca de su trabajo, y le pediremos el suyo acerca de su experiencia en la empresa.

En esta instancia decidiremos si será contratado o si ha terminado su trabajo con nosotros.

Crear un *Internship* puede parecer un proceso engorroso, de hecho, requiere de mucho trabajo al inicio, pero es un sistema que ahorra mucho tiempo en el futuro y no debe postergarse. Lo mejor de todo es que se crea una sola vez y luego puede ejecutarse las veces que sea necesario.

Comenzar con este sistema acortó mi tiempo de management de 15 horas a no más de 3 y redujo abismalmente el tener que despedir a alguien.

Además, de esta forma, nos aseguramos de contratar personas para formar parte de nuestro Equipo Virtual que ya sabemos cómo trabajan, sabemos que son compatibles con nuestra forma de trabajo y comparten los valores de nuestra cultura empresarial.

Como cierre, está de más recordar que a la hora de conseguir talento para nuestra empresa nuestra imagen en Internet es esencial.

No podemos esperar que una persona esté ansiosa por trabajar en una empresa que tiene mala imagen. En este sentido, la reputación nos precede y por eso son tan importantes las experiencias y formación que podamos aportar, así como el feedback que dejamos a quienes trabajaron con nosotros y el que ellos nos den.

Al final, como en todas las relaciones laborales, el respeto y la comunicación son vitales para que el trabajo culmine de forma exitosa.

Ser sinceros y justos en cada etapa nos asegurará, no solo el contar con un Equipo Virtual exitoso y un proceso de contratación sistematizado y efectivo, sino también poder replicarlo en cualquier momento y mejorarlo constantemente.

Recapitulando

Existen decenas de sitios webs donde buscar freelancers calificados. Sin embargo, dado que el mercado cada vez es más grande, puede resultar sobrecogedor buscar a alguien adecuado en ese mar de gente. Antes de enfrentarse a la búsqueda, es mejor asegurarse de comprender la plataforma que estamos utilizando para convocar mejor, elegir al mejor de los postulantes y asegurar el dinero.

Escoger con sabiduría es la clave. Debemos analizar con detalle las respuestas de las personas que se postularon y leer con detenimiento sus propuestas y perfiles, antes de pasar a las entrevistas.

Ser agradecido y al finalizar la relación de trabajo y comentar en el perfil cómo fue la experiencia, nos ayuda a mejorar nuestra reputación online y nuestra capacidad de convocatoria.

Recursos útiles:

Algunas notas interesantes para complementar esta lectura:

https://www.workana.com/blog/que-tener-en-cuenta-al-contratar-un-freelancer/

https://www.entrepreneur.com/article/245004

http://www.10xmanagement.com/6-tips-for-managing-contract-tech-talent/

Una de las claves del éxito a la hora de contratar un Equipo Virtual es desarrollar un sistema adecuado de selección.

Mientras que la otra clave está en encontrar una plataforma adecuada y segura.

Sigamos ahora, para adentrarnos en el proceso del Entrenamiento e Inducción.

CAPÍTULO VI.

EL ENTRENAMIENTO Y LA INDUCCIÓN "LMS"

Toda empresa, ya sea una corporación grande y establecida o un pequeño emprendimiento que está a punto de despegar, quiere tener en sus filas a los trabajadores con el mejor talento que el dinero pueda comprar.

Sin embargo, el mejor talento puede no estar en la misma ubicación geográfica de la empresa y quizá no trabaje solo por dinero.

En la actualidad, y de acuerdo con lo que reseña la revista *Harvard Business Review*, en una encuesta realizada a 1.700 trabajadores en Estados Unidos, el 79% reportó que siempre o con frecuencia, trabajaban en Equipos Virtuales.

En mi caso, he contratado este tipo de trabajadores porque eran los más cualificados para los proyectos que deseaba realizar, pero como ya hemos visto, existen muchas motivaciones extra.

La cuestión es que, así se trate de una empresa con un equipo conformado al 100% por teletrabajadores o de una empresa con un equipo 100% presencial, el entrenamiento y la inducción no pueden evitarse.

En las grandes empresas, sus jefes y gerentes, están acostumbrados a supervisar de forma presencial a sus trabajadores, a establecer los proyectos, a dar directrices que no pueden ser modificadas por los subordinados, a evaluar su desempeño y a felicitarlos o despedirlos.

Asimismo, suelen comenzar desde cero en la búsqueda de nuevo personal: publicar ofertas de trabajo, recibir toneladas de currículums, llamar a los candidatos con los mejores estudios y someterlos a largas entrevistas.

En mi humilde opinión, si una empresa quiere ganar la guerra de talentos debe salir cuanto antes de ese paradigma y lanzarse a las nuevas formas de selección de personal.

Por eso, en esta sección voy a explicarte las claves que me sirvieron para mejorar y automatizar estos procesos.

Lo primero, Cambiar la Mentalidad

Una de las cosas más importantes para seleccionar el mejor talento consiste en abrazar el teletrabajo, porque es la manera preferida de las personas para hacer sus labores según las tendencias.

Existen cuatro cualidades que debe tener un gran teletrabajador y que todo empleador debe considerar a la hora de seleccionarlos:

Trabajan sin que se lo pidan.

Están en constante comunicación.

Tienen las herramientas de trabajo adecuadas.

Tienen la habilidad de evitar distracciones.

Lo segundo que debe hacer una empresa es pagar bien a este talento a distancia, por encima de lo que se acostumbra a pagar a los trabajadores buenos de una compañía tradicional.

Sin embargo, el pago no suele ser lo único en que se fija un teletrabajador. Muchos de estos talentos lo que buscan son oportunidades.

¿Qué influye a la hora de elegir una buena oportunidad?

Un gran proyecto, un gran equipo, un gran líder y la cultura empresarial como un todo.

Es imposible cuantificar estas características con un precio, pero sí que has de saber que, entre todas, la cultura es la reina.

Tener una buena cultura empresarial hará que el talento adecuado se postule a los trabajos que publique tu empresa.

La aliada ideal de la cultura de empresa es la innovación.

El mejor talento huye de los ambientes tradicionales de oficina. Por lo tanto, las empresas que se atreven a dejar atrás lo tradicional, consiguen personas inteligentes, con habilidades increíbles que potencian su negocio y les aseguran resultados extraordinarios.

Por mi parte, como líder de un Equipo Virtual, veo a los nuevos empleados como una inversión y procuro anticipar un excelente retorno financiero cuando concreto el acuerdo laboral.

Mis siete categorías personales a considerar, en el momento de buscar a ese gran empleado son:

Sus competencias y habilidades.

Su capacidad para crecer.

Su compatibilidad con el equipo.

Su compromiso con el equipo y la empresa.

Su carácter.

Su cultura.

Su compensación.

Estar al tanto de estas categorías, le puede ahorrar a una empresa hasta 50.000 dólares, que es aproximadamente el precio de una mala contratación.

Cuanto más creativos, mejor personal

Cada vez con más frecuencia, las empresas se están ocupando de desarrollar una cultura propia, que le dé personalidad y la diferencie del resto de empresas del mismo ramo.

Tener definida una buena cultura se hace evidente, no solo ante los consumidores o clientes, sino también ante los empleados potenciales.

Grandes empresas, como *Google* o *Apple*, hacen esto visible y exponen al público sus valores, políticas internas, expectativas y procedimientos, lo que hace que las personas se sientan identificadas y sueñen con trabajar para ellos.

Para crear cultura de empresa deseable, te propongo 3 tips:

Poner siempre primero a los empleados: Que los trabajadores sean tratados con respeto y consideración.

Maximizar a los mejores trabajadores: Siempre que sea posible, colocarlos en posiciones de gran influencia.

Mantenerse involucrado y utilizar la inteligencia emocional: El proceso de selección no debe ser delegado a otra empresa. Y al momento de contratar, es necesario evaluar siempre la inteligencia emocional del candidato, casi tanto como su capacidad intelectual.

Entre las ventajas que tiene hacer visible la cultura de la empresa, se puede destacar el hecho de que no tendrás que buscar empleados, sino que ellos buscarán a tu empresa.

Muchos trabajadores, así sean freelancers o quieran formar parte de la plantilla fija de una empresa ubicua, cuando piensan en trabajo, tienen una compañía como referente y desean trabajar con ella porque consideran que esa empresa les dará la oportunidad de desarrollar grandes proyectos en las áreas en las que ellos son expertos.

Esto es algo que personalmente me ha ocurrido.

Y es que, una buena cantidad de quienes terminan sus estudios de las Nuevas Profesiones de Internet en *VirtualiaNet*, hasta consideran el trabajar de forma "gratuita" en *Educatemia*, tan solo a cambio de ver su nombre en un buen proyecto o de obtener experiencia y participar en la cultura de la empresa.

Como te dije antes, los mejores trabajadores no solo se mueven por dinero, sino por otras variables a las que no se les puede poner un precio.

Alternativas para hacer un proceso de selección de personal más creativo:

Ser nuestros propios anfitriones: Es decir, establecer la marca como innovadora al ser anfitriona de sus propios eventos, hace que las personas la asocien con liderazgo y piensen en ella cuando busquen nuevas oportunidades laborales.

Establecer formas creativas para reclutar: Puedes utilizar modelos poco convencionales, como *Triumph* en Estados Unidos, que conecta en un evento de reclutamiento de personal a potenciales trabajadores que se inscriben en su sitio web, con grandes empresas en las que mucha gente quisiera trabajar.

Tratar de buscar personal como si buscáramos una cita online: O lo que es lo mismo tratar de aprovechar Internet y las redes que forma, para llegar a ese talento top que estamos buscando y no solo limitarnos a las plataformas de teletrabajo.

Una vez que se han preseleccionado a las personas que potencialmente podrían formar parte de la empresa, hay que pasar al encuentro en el que se concretará el empleo.

Lo común y "socialmente aceptado" es que la persona que se postula al trabajo pase por varias entrevistas, con varias personas y que deba realizar exámenes psicotécnicos hasta que se decide si está capacitado para ocupar tal o cual cargo.

En la actualidad, con el esquema de contratación que he propuesto en la sección anterior del libro, la entrevista de trabajo ocurre en términos completamente diferentes.

Ante un cambio paradigmático como es el teletrabajo, la entrevista tradicional queda obsoleta ya que es necesario evaluar, no solo cómo se desempeñan en el trabajo, sino también su capacidad de atender instrucciones, cómo interactúan, cómo fluye su adaptación con los otros miembros del equipo o cómo se adapta a la cultura de la empresa, entre otras cosas...

En la mayoría de los casos, como soy partícipe de la idea de que el feedback instantáneo es lo ideal, aprovecho estos momentos para hacer "la entrevista" que va más allá de las preguntas tradicionales.

Más que una entrevista, trato de entablar una conversación que incluya alguna de estas preguntas:

"¿Qué harías si sucede tal situación inesperada con este proyecto que tienes ahora?"

"¿Eres una persona afortunada?" Valora lo afortunado que te sientes del 1 al 10."

"¿Cómo te consideras de "raro"? ¿Piensas distinto que el resto? ¿Se te suelen ocurrir ideas locas? ¿A menudo deseas tener una conversación sobre temas poco comunes?"

"¿Qué te gusta hacer cuando no estás trabajando? ¿Qué te apasiona, además de tu carrera?"

"Si le pido a tu mejor amigo que me hable de ti, ¿qué cosas destacaría? ¿Y tu antiguo jefe?"

"¿Por qué debería contratarte?"

Antes de contratar, procuro contactarme con sus ex jefes o clientes y compañeros de trabajos anteriores porque nadie mejor que ellos, para darme una idea más clara de la persona que se postula para el trabajo y porque el comprobar la veracidad de lo que cuentan, es mi forma de ganar confianza.

La batalla del Aprendiz vs. el Pasante

Durante décadas la figura del pasante se utilizó en las empresas y se sigue utilizando, aunque no de la mejor manera posible, ya que el pasante suele ser un estudiante que solo trabaja por períodos cortos de tiempo, como las vacaciones de verano o un trimestre de la carrera.

Por lo tanto, el lapso para que aprenda lo que le gustaría es muy reducido.

Además, muchos jefes o coordinadores utilizan a los pasantes para su beneficio propio y no el de la empresa y ni mucho menos, del estudiante.

Le piden que haga tareas muy básicas, absolutamente operativas, que les ayuden con la parte más fastidiosa de su trabajo y hasta que les compren o hagan el café.

Tantas películas lo ilustran, ¿verdad?

Y lo peor de todo es que se basan totalmente en la realidad.

En resumen, la empresa no obtiene del pasante nada más que un sirviente temporal y el pasante no obtiene de la empresa nada más allá que cumplir con un requerimiento universitario y llevarse una imagen, entre neutra y mala, de la empresa.

Por esta razón, muchas empresas están optando por contratar aprendices en lugar de pasantes.

Un aprendiz es una persona recién graduada o que no tiene mucha experiencia en el área, pero que desea aprender.

Las empresas contratan a estas personas con la finalidad de capacitarlos en una posición específica que se encuentra vacante y si existe la oportunidad, incorporarlos en sus filas.

A esta figura laboral se le paga como a cualquier otro empleado, se le asignan responsabilidades y se le respeta como profesional.

La figura del aprendiz también funciona perfectamente en la contratación de un Equipo Virtual.

Una empresa puede aprovechar que en el mercado hay muchos desempleados sin experiencia en el área que se solicita, pero con ganas de trabajar en esa empresa y que están dispuestos a ofrecer sus pocos, pero muy creativos, conocimientos a cambio de esa experiencia y formación.

¿Qué debe ofrecerles la empresa?

Capacitación en un cargo específico.

Un proyecto para que lo desarrollen con los conocimientos que están adquiriendo y que represente un reto a superar.

Asignarles un líder que tenga el tiempo y la disposición para enseñarles, corregirles y guiarlos en el proyecto.

Incluirlos en la dinámica propia de la empresa, como reuniones, encuentros y hasta fiestas o eventos.

Es importante que las empresas les aclaren a los aprendices que están ahí para aprender lo que no se aprende en la universidad o en un curso, pero que no necesariamente serán contratados de forma permanente.

Dejar este aspecto claro desde un principio, evita que se formen falsas expectativas y su rendimiento decaiga.

Ahora bien, si tener un Equipo Virtual ya de por sí genera dudas en las empresas, que una parte del equipo esté conformado por aprendices hace que el riesgo parezca mucho mayor.

Sin embargo, las ventajas superan a los riesgos y existen varias razones por las que elijo a los aprendices a distancia:

Capacito a personas que se convierten en grandes profesionales.

Consigo defensores de mi empresa, porque mucho de lo que saben lo aprendieron aquí.

Aportan ideas frescas y distintos puntos de vista.

Están dispuestos a dar más que cualquier otro trabajador.

Es mucho más barato que contratar personal ya experimentado (si es que existe uno).

Conocen cómo funciona todo, desde antes de formar parte de la empresa de forma estable.

Esta forma de trabajo se puede interpretar como un "auto entrenamiento" ya que entre todos aprenden cómo se trabaja de forma individual, cómo se trabaja en equipo, ganan experiencia de las situaciones a las que se van enfrentando y dan y reciben feedback de parte de sus líderes, hasta que se convierten en excelentes profesionales.

Al final, los empleadores podrán tener profesionales altamente calificados y entrenados por ellos mismos, a los que contratarán o no, según sean sus necesidades.

¿Quiénes deben formar parte de ese entrenamiento?

Todos aquellos que deseen trabajar en la empresa y sientan que pueden dar un valor agregado a la misma.

Es decir, los que estén dispuestos a aprender y a dar.

¿Qué son los Learning Management Systems?

Los *Learning Management Systems*, a los que a partir de ahora llamaré "*LMS*" para abreviar, son plataformas de software que se emplean para administrar, distribuir y controlar las actividades de formación no presencial de una organización.

Estos permiten crear y hacer seguimiento de actividades y resultados, distribuir materiales de conocimiento de cualquier tipo y generar reportes de los cursos online a cualquier persona que quiera implementar el sistema en su empresa.

En los últimos años, el mercado de *LMS* ha crecido considerablemente, ya que las gerencias de Recursos Humanos han enfocado sus esfuerzos en el entrenamiento corporativo de sus empleados.

En 2014, y de acuerdo con el *2014 Corporate Learning Factbook*, el mercado de los e-learning creció un 15% en comparación al 2013 y generó más de 70 billones de dólares en Estados Unidos.

En ese mismo año, muchas empresas notaron que había un gran vacío en las habilidades de sus empleados y que este hueco debía ser reparado lo antes posible si se quería salir de la recesión.

Lógicamente, si el personal está capacitado, las probabilidades de que una empresa sobreviva una coyuntura económica son más altas y por supuesto, el que las empresas inviertan en sus empleados, es un buen indicador de mejora de la actividad económica de todo un país.

En cuanto al mercado del *LMS*, en 2014 generó 2 billones de dólares y se convirtió en uno de los segmentos con crecimiento más rápido de softwares para Recursos Humanos.

En el caso de mi empresa, siempre he optado por *LMS* porque es una herramienta online de distribución de conocimiento que permite a mis empleados aprender algo nuevo o actualizar lo que ya saben.

Así, mi gerencia de recursos humanos puede ajustar las clases a los nuevos requerimientos y hacer seguimiento de los logros de los trabajadores.

Llegados a este punto quiero aclarar que un *LMS* no es un catálogo de cursos online, ya que los contenidos que en él se insertan, pueden cambiar de acuerdo con las necesidades que tengamos.

En mi empresa siempre nos decantamos por un software *LMS*, y más para esta misión, porque nos ofrece herramientas que en un curso convencional no existen o resultarían menos dinámicas.

Entre las características principales por las que siempre escogemos *LMS* para entrenar a nuestro personal, destacan:

Gestión de los cursos: Registro, lista de cursos, requisitos, información de créditos.

Pruebas cortas de autoevaluación.

Herramientas de enseñanza para los profesores.

Comunicación asíncrona: e-mails y foros.

Comunicación síncrona: Chats y teleconferencias.

Herramientas para los empleados: Marca libros, seguimiento del progreso, etc.

Herramientas de gestión: Seguimiento del progreso, evaluaciones...

Feedback del empleado: Encuestas de evaluación del curso

Acceso desde múltiples dispositivos: Computadoras, tablets, smartphones...

Híper-localidad de los profesores o estudiantes.

Hemos notado que las *LMS* presentan ventajas muy beneficiosas para nosotros.

Por ejemplo, nos ofrecen facilidad para insertar material de estudio en el software, revisarlo cuando sea necesario y modificarlo y nos proporcionan más opciones para crear contenido: ya sea material escrito, multimedia o juegos.

También nos dan variedad en los métodos de entrega, diseño de materiales y técnicas de evaluación.

Además, entre todos podemos colaborar para que el contenido de cada curso sea más completo y amigable creando colaboraciones multiusuario.

Agregar un nivel de eficiencia más a nuestro sistema de aprendizaje, nos coloca un paso más adelante que la competencia que no maneja estas tecnologías y por si esto fuera poco, hacen más económicos los costos.

Bajo esa premisa y dado que estamos en constante actualización en las tecnologías que usa la empresa, decidimos contratar un *LMS* con base en un sistema de nube o *"cloud based"*, que es lo que una empresa ubicua exige.

¿Dónde escoger un LMS "cloud based"?

Existen muchos, te pongo son algunos ejemplos:

Talent LMS.

Moodle.

Degreed.

Bistrainer.

Biz Library.

Grovo.

En nuestro caso, contratamos una de estas *cloud based LMS* y nos aseguramos de que los cursos tuvieran, como mínimo:

Un juego por cada módulo.

Espacios para la discusión de ciertos temas polémicos en los que los participantes ganaran puntos extras por participar.

Métodos de evaluación por tema y por curso.

Que los encargados del equipo del área pudieran apadrinar a un estudiante y ser sus mentores dentro del sistema.

Y que se propusieran temas que consideraran importantes y que hubiésemos pasado por alto.

La primera vez que lo probamos el reto era grande, ya que íbamos a entrenar a cinco aprendices para el área de telecomunicaciones, pero contrataríamos solo a uno.

El curso tuvo un trimestre de duración y cada módulo duraba una semana, durante la cual se expusieron temas específicos.

Participaron tres mentores, uno estaba en España y los otros dos en Venezuela, y cada aprendiz tuvo un padrino.

Se hicieron seis juegos online, doce pruebas cortas que implicaron trabajo real y tres de desarrollo.

El resultado final fue que dos de los aprendices fueron contratados, en lugar de uno solo, y los otros tres ganaron una muy buena formación en el área y se mostraron muy agradecidos por la oportunidad.

El liderazgo en los Equipos Virtuales

Una de las cosas que distinguen a un buen líder de Equipos Virtuales es la capacidad que tiene de estar en constante comunicación con los miembros de su equipo.

Las empresas que deciden trabajar con estos equipos deben considerar a la tecnología como su mejor aliada, ya que dependerán de ella para lograr esa tan necesaria comunicación.

La revista *Harvard Business Review* explica, y yo no podría estar más de acuerdo, que las empresas deben usar plataformas que integren todo tipo de comunicación y que incluyan llamadas en conferencias, llamadas directas, mensajes de texto, foros de discusión o salas de Equipos Virtuales.

Aparte, añado que debe existir algún tipo de chat en el que conversar en tiempo real pero sin interrumpirse, como ocurre con una llamada.

El uso del e-mail también es muy útil, pero únicamente para el reporte de tareas, ya que puede responderse en el momento que tengamos oportunidad y aún así, estar al tanto del trabajo del equipo.

Los Equipos Virtuales pueden escribirse al principio del día para mantener a todos al tanto de sus actividades diarias o al final del mismo, para discutir los logros del día, ofrecerse ayuda y discutir los inconvenientes.

Aparte de la comunicación diaria, los equipos deben reunirse de forma virtual una vez a la semana y como mínimo, una vez al mes con fines más específicos.

Por ejemplo, una vez a la semana se pueden dar instrucciones acerca de las tareas de la semana siguiente y una vez al mes se pueden discutir los avances de los proyectos y darse feedback entre los miembros del equipo y el/los líder/es.

Al final, la libertad del teletrabajo puede lograr que una empresa, no solo cuente con el mejor personal posible, sino que además tenga gente absolutamente comprometida, que ofrecerá lo mejor de sí de forma creativa y generará los resultados que necesitamos.

Recapitulando

Existen 3 claves para tener éxito en el entrenamiento, la inducción, el *LMS* y liderar un Equipo Virtual:

Direcciones y expectativas claras: Evitar las ambigüedades, formalizar los roles y aclarar las responsabilidades y posibilidades de cada miembro del equipo, sea o no un aprendiz.

Construcción de la confianza: La confianza se establece tras dos o tres ciclos de trabajo, por lo que el líder debe fomentarla lo más rápido posible y comenzar a hacerlo desde el entrenamiento resulta ideal a largo plazo.

Híper comunicación: La clave del éxito para un equipo virtual es la comunicación. El líder debe ser un híper comunicador y debe fomentar que los teletrabajadores posean o mejoren sus habilidades comunicacionales.

Recursos útiles para complementar esta lectura:

Aquí te dejo algunas de las notas que me han servido a lo largo de los años:

http://www.forbes.com/2010/08/19/virtual-teams-meetings-leadership-managing-cooperation.html

http://www.forbes.com/sites/davidkwilliams/2012/06/05/dealing-with-a-bad-hire-the-case-to-teach-and-adapt-rather-than-fire/#4b02f5cf246d

http://www.forbes.com/sites/neilpatel/2014/10/02/hire-the-best-talent-for-your-startup/#7f209797fc3f

Una vez creado un sistema de entrenamiento e inducción, mejorarlo constantemente será esencial para replicarlo y escalar los resultados.

En el siguiente capítulo, te comentaré mis aprendizajes en un tópico que me ha desvelado siempre: la Productividad.

CAPÍTULO VII.

LA PRODUCTIVIDAD

Cuando era chico me encantaba el ajedrez.

Mi padre me había regalado un tablero cuando cumplí 7 años y esa misma noche me enseñó las reglas del juego.

Aprendí a jugarlo con rapidez y me cautivó en pocos meses.

Le enseñé, o al menos intenté hacerlo, a todos mis amigos, pero el juego no tuvo tanto éxito en el grupo como yo esperaba.

Así fue cómo comencé a jugar ajedrez en videojuegos como el *Kasparov*, que era la versión digital del ajedrez que tanto me gustaba, y al que dediqué muchas horas de mi infancia.

Pero lo interesante es que, al poco tiempo, me di cuenta de que podía hacer una pequeña trampita, si ponía el juego en pausa, podía tomarme mi tiempo para ver cuántas piezas podía mover y si mantenía presionado un botón, podía hacer todos esos movimientos en un solo turno.

Mi productividad aumentaba y así vencía al ordenador.

Claro está, que estaba haciendo trampa y fuera del contexto de la niñez, hacer trampa para ganar es algo que no tiene sentido alguno.

Muchos años después, ya en el mundo empresarial, siempre traté de aplicar mis conocimientos de ajedrez en los negocios.

Estudiaba al oponente y observaba con detenimiento para especular qué movimiento podía hacer para tumbar sus fichas. Pero en los negocios no es posible pausar a la competencia para hacer más jugadas, por eso me volví un obseso de la productividad.

Siempre he buscado la forma de ahorrar pasos, automatizar y ganar tiempo, de forma que los resultados lleguen más rápido, como en el *Kasparov,* si me muevo dos veces en un solo turno y aprendo dos veces más rápido que la competencia, estoy sacando ventaja.

Así que, pongamos el juego en pausa y analicemos la jugada.

Consejos de productividad para el teletrabajo

En 2006, *Nicholas Bloom*, profesor de la *Universidad de Stanford*, llevó a cabo un estudio en una empresa de turismo de China.

Bloom partió de la premisa de que, a pesar de que un 10% de la fuerza laboral de Estados Unidos trabaja desde casa, aún existe el temor de que los trabajadores trabajen menos y se distraigan más

Bloom dividió a los trabajadores de dicha empresa en dos grupos: uno trabajaría desde la oficina y el otro lo haría desde sus hogares.

La selección fue voluntaria y durante 9 meses estudió los resultados de cada grupo.

En un principio, tanto él como los dueños de la empresa pensaron que los resultados serían solo económicos en el sentido de que ahorrarían en infraestructura, servicios básicos y material de oficina mientras esos trabajadores cumplieran con su trabajo desde la casa.

Para su sorpresa, y debo reconocer que la mía propia hace ya diez años, los resultados concluyeron que los trabajadores que estaban en sus casas, no solo igualaron la cantidad de trabajo de aquellos que estaban en la oficina, sino que **la superaron**.

Los trabajadores que estaban en sus casas hicieron un 13,5% más de llamadas a los clientes que los que estaban en la oficina.

Años después, en una entrevista para *Harvard Business Review, Bloom* explicó que un tercio de ese aumento de productividad se debía a que **el empleado tiene un ambiente de trabajo más tranquilo**.

Los otros dos tercios los atribuyó a que **el trabajador aprovecha mejor las horas laborables,** ya que no tiene que trasladarse de un lugar a otro, comienza más temprano, toma breaks menos largos y trabaja hasta que se siente satisfecho.

Este aumento en la productividad, además, hacía que estos trabajadores **sintieran más satisfacción por su trabajo.**

Por su parte, un reporte publicado en el *Psycological Science in the Public Interest Journal,* afirmó que el teletrabajador será más productivo, siempre y cuando, este cambio se implemente de forma gradual y cumpla tanto con las necesidades del empleado como de la empresa.

El estudio explica que hay que considerar varios factores antes de enviar a los trabajadores a sus casas:

El profesional debe tener claros cuáles son sus responsabilidades en el trabajo, deseos individuales y capacidades

La empresa debe establecer las prácticas y necesidades organizacionales.

Es decir, no todos los trabajadores pueden hacer sus tareas desde casa, ya que primero hay que analizar si los requerimientos de la empresa lo permiten y ver si el trabajador está capacitado para asumir esa responsabilidad.

Este reporte afirma que los retos de teletrabajar son varios a la hora de realizar un cambio tan abrupto:

Existe poca claridad entre los límites trabajo-familia, trabajo-ocio.

El empleado podría trabajar más horas de las reglamentarias.

Y además, se enfrentaría a la soledad al no interactuar con sus compañeros de trabajo.

Entonces:

¿Se debe o no enviar a los empleados a sus casas para que ejecuten sus labores desde la comodidad de su hogar?

¿Son más productivos en sus hogares o en la oficina?

¿Esta práctica es beneficiosa para las empresas?

Pues sí, estos dos estudios avalan que el teletrabajador es más productivo y el cambio resulta beneficioso, tanto para trabajador como para empleador, como ya hemos visto en las primeras páginas de este libro.

Pero este cambio es provechoso, siempre y cuando se analice la personalidad del empleado, se aplique de forma gradual y de mutuo acuerdo y se le forme respecto a su productividad personal.

Entre los tips que he investigado para hacer el trabajo desde casa más productivo, establecí para mi propia empresa 6 puntos que debemos tener todos en cuenta:

Establecer una rutina de trabajo: Que incluya horas a trabajar, horas de almuerzos y pausas para descanso.

Esta rutina puede ser flexible, pero debemos mantenerla al máximo.

Establecer un área de trabajo cómoda: Una mesa y una silla cómodas, un ordenador con acceso a Internet y todas las herramientas físicas y tecnológicas necesarias para llevar a cabo el trabajo.

Armar un plan de trabajo diario: Se deben determinar por parte del trabajador qué tareas se deben terminar ese día sin falta.

Tomar pequeños descansos: Para tomar café, ir al baño, estirar las piernas y cualquier cosa que signifique comodidad.

Mantener una línea de comunicación constante con los demás miembros del equipo: Es decir, grupos de chats, *Skype* o cualquier otro medio que permita la comunicación en equipo, así sea para contar una anécdota, un chiste o un problema laboral.

Estar preparados para lo inesperado: Por más establecida que tengamos nuestra rutina, nuestros horarios y hasta el número de breaks que tomaremos, cualquier cosa puede suceder y debemos estar preparados para afrontar esos cambios.

Hoy en día, el trabajo sigue fluyendo hasta el punto de que estos tips dejaron de ser reglas para el equipo y se volvieron más orgánicos con la manera de trabajar.

Y créeme cuando te digo que los resultados son sorprendentes.

El equipo es capaz de completar las tareas que se propone cada día en un tiempo menor al establecido, de manera que les permite comunicarse con sus compañeros para ayudarles con sus trabajos.

Así logramos dos cosas en una: Crecemos como equipo y nos fortalecemos como profesionales.

Algunas técnicas de Productividad reconocidas

Técnica Pomodoro

Una de las técnicas de productividad más populares es la *Técnica Pomodoro*, que consiste en ejecutar una sola tarea durante 25 minutos seguidos.

Al cabo de este tiempo, se debe descansar 5 minutos y luego volver a la tarea, si no se terminó, o pasar a la siguiente por los siguientes 25 minutos.

Se descansan 5 minutos entre una y otra tarea y al completar 4 ciclos, se toma un descanso mayor de 15 minutos.

Esta secuencia hace 1 Pomodoro.

Entre sus ventajas podemos enumerar que:

Ayuda a descubrir cuánto tiempo requieren la realización de ciertas tareas, algo muy útil de cara a posteriores planificaciones.

Limita las interrupciones solo a los momentos de descanso establecidos.

Predice cuánto tiempo y esfuerzo llevará realizar tareas futuras.

Standing Desk

La segunda técnica de productividad que está tomando mucho auge es el uso del *Standing Desk*.

Desde hace algún tiempo, tanto empleados como empleadores, se están preocupando por la forma en que el trabajo con ordenadores y el sedentarismo afectan a su salud.

Uno de los aspectos que ahora se cuida con suma atención es la postura a la hora de trabajar. De hecho, varios estudios han determinado que trabajar sentado durante muchas horas, afecta a la espalda y las piernas, además de que aumenta la probabilidad de sufrir obesidad o hasta un infarto.

Por esta razón, surgió la propuesta de trabajar de pie o usar un *Standing Desk*. Al utilizar esta técnica, el trabajador debe tomar varios descansos para relajar sus piernas y pies.

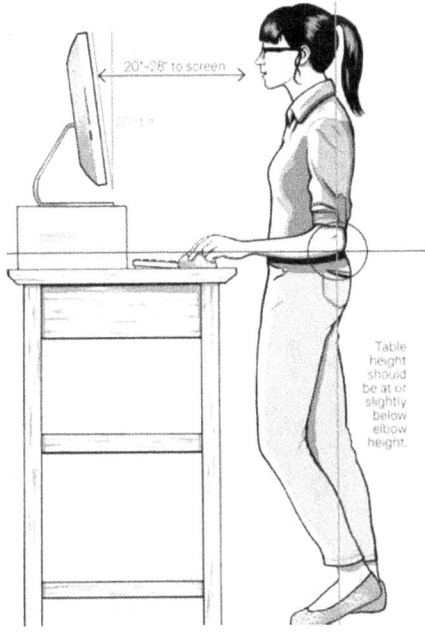

Pero ¿cómo ayuda esto a la productividad?

Los estudios afirman que, no solo la salud de los trabajadores mejorará utilizando escritorios para trabajar de pie, sino que su productividad puede mejorar notablemente[1].

El objetivo de esta y cualquier otra técnica que se desee implementar, es innovar en los procesos de trabajo a distancia e ir descubriendo junto al trabajador los métodos que le resulten más útiles al equipo.

Método Kaizen

El método *Kaizen* es un método utilizado tanto a nivel personal como a nivel empresarial.

Proveniente del japonés, *Kaizen* en castellano se traduce como "mejora continua". Esto quiere decir que los cambios que se van realizando, tanto en hábitos como en estrategias, se aplican de forma continua y en pequeños pasos para garantizar su cumplimiento y el éxito a largo plazo.

En un mercado donde el desarrollo, tanto tecnológico como humano, va avanzando de forma inminente, es de esperarse que las empresas quieran actualizarse con las estrategias para mejorar su producción y desarrollo diario.

Aunque este método no fue creado recientemente, sí es un tema que se ha puesto en boca de todos hace relativamente poco tiempo, pues a nivel empresarial se habla de una "globalización empresarial" que implica la inclusión de todos los miembros de la empresa a un nivel en el que se pueda trabajar en conjunto.

Por ello, ahora se puede observar que muchas empresas exitosas tienen en consideración, tanto el tiempo de trabajo como el de recreación de los empleados, así como una relación más de colaboración que de jerarquía entre todos los miembros.

Para conseguir estos y muchos otros beneficios, el método se vale de un concepto conocido como "desperdicios", que son aquellos elementos que no aportan ningún valor a la productividad de la empresa o de la persona.

Son muchas las técnicas que se pueden ejecutar basándose en el método Kaizen, sin embargo, la más destacada es la de las 5 S:

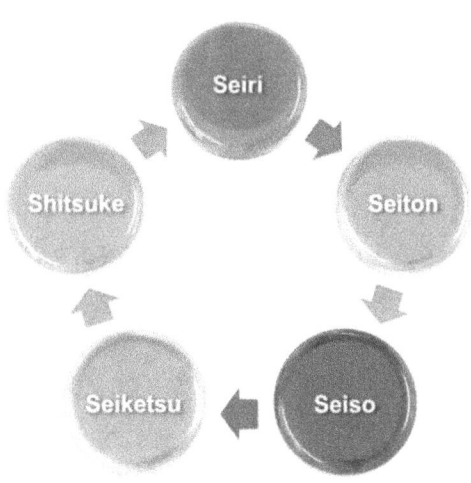

Seire o Descarte: Consiste en que se descarten todos aquellos elementos que no se consideran necesarios dentro de un proceso de producción.

Seiton u Organización: Se trata de tomar, tanto los elementos para descartar como los que no y organizarlos para ubicarlos más fácilmente.

Seiso o Identificación: Este es un punto necesario que permite darles solución a los elementos descartables identificando cuál es su origen o qué lo hace descartable.

Seiketsu o Estandarización: Nos permite, basándonos en los puntos anteriores, aplicar las acciones que van a llevar las mejoras realizadas a un estado permanente.

Shitsuke o Disciplina: Promueve la idea de mantener el método Kaizen, aplicando las técnicas que favorecen las mejoras y la productividad con rigor.

El último de los elementos importantes en el Kaizen es el **tiempo** y aunque se trata de uno de los recursos más valiosos, es uno de los que más se desperdicia.

El derroche de este recurso lleva al estancamiento en distintas áreas de la empresa, inventario, productos e incluso atención al público.

Por lo tanto, es vital una buena administración del tiempo que conlleve a alcanzar las metas diarias.

Son muchas las compañías de gran tamaño que hoy usan el método Kaizen, como *Sony*, *Microsoft* o *Toyota* entre muchas otras.

Los beneficios de aplicar este método son numerosos. Por ejemplo:

Incrementos y mejoras en la productividad.

Mejoras en el trato hacia los clientes.

Aumento de los estándares de calidad.

Minimización de los tiempos de ejecución.

Reducción de los costos.

Bridge Building

Los estudios más modernos sobre gerencia de proyectos indican que el 10% de la inversión en proyectos termina siendo desperdiciada.

Esto se debe a que dan pérdidas debido a una mala gestión por la insuficiente comunicación entre departamentos.

Suena increíble y más aún, teniendo en cuenta que cada vez hay más directores de proyectos con planes que sugieren ganancias impresionantes, pero la verdad es que hay una brecha entre la teoría y la práctica. No es enorme, pero podría reducirse bastante.

Una herramienta excelente para acercar más la productividad real y la productividad esperada al iniciar el proyecto, es conocida como *"Bridge Building"*.

Este concepto trata de crear puentes virtuales que enlazan personas de distintos equipos para que, a través del contacto entre personas del mismo rango que trabajen en áreas distintas y no solo entre jefes, se potencie el objetivo que tienen todos en común.

Con esta herramienta el contacto entre los grupos será más efectivo ya que, en vez de contar con un pequeño grupo de personas que se encargan de llevar información de un departamento a otro, todos los departamentos se conectan mediante muchas personas que se comunican entre sí, sin siquiera moverse.

La mayor parte del éxito de un equipo formado por personas que trabajan desde lugares distintos se debe a una comunicación eficiente y para lograrla, es necesario avanzar en conjunto con la tecnología y aprovechar las distintas herramientas virtuales dedicadas a la comunicación empresarial.

El triunfo de un proyecto depende del hecho de que cada miembro de la organización complete su tarea correctamente.

Gracias a los *"bridge Building"* se han formado grupos grandes y exitosos, con muchas divisiones que trabajan para completar una gran tarea como si fuesen un solo equipo ya que, al facilitar la distribución de información, cada persona puede realizar el trabajo pequeño que le corresponde haciendo todas las correcciones que sean necesarias según los estándares de los distintos departamentos.

Al sumar los pequeños trabajos individuales de cada persona, que cumplen todos los patrones impuestos, el resultado que se obtiene no es otro que el éxito global.

La productividad de un proyecto aumenta con el uso de esta técnica, no solo porque se facilita el traslado de información entre departamentos, sino porque al comunicarse personas de rangos similares y compromisos personales en común, se logrará que el mensaje que debe ir de un departamento a otro llegue tal cual como el emisor lo desea, ya que el protocolo es más sencillo y directo.

Muchas empresas aplican esta técnica en su organización de una forma que dista de la óptima, durante cenas navideñas u otras actividades en las que participan todos los departamentos de las empresas y no solo los directores o jefes.

A pesar de que muchas empresas no tienen idea del beneficio que les reportan estas reuniones, si se revisan los estudios pertinentes se puede observar cómo estas aventajan a otras empresas que no las realizan.

Gracias a estas reuniones, se logra que personas similares de distintos campos compartan información personal y sobre su trabajo, que es usada por sus compañeros de otros departamentos para mejorar su aporte personal al proyecto general y para crear un vínculo que facilita el contacto posterior entre departamentos.

Getting Things Done

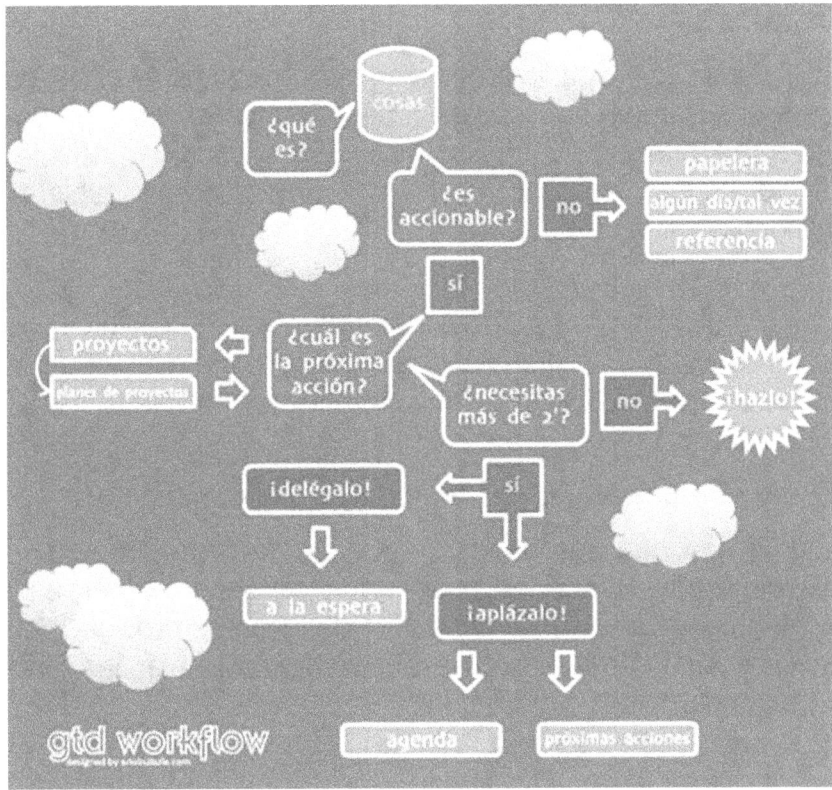

Organízate con eficacia o *"Getting Things Done"* o *GTD*, es un método de productividad desarrollado por el asesor en manejo de la producción *David Allen,* durante los años 80.

David, no solo creó el método, sino que también lo plasmó en un libro que lleva el mismo nombre.

De acuerdo con la filosofía de este consultor, si ocupamos nuestra mente con información que no es relevante, no podremos concentrarnos y ejecutar las acciones que realmente importan.

David Allen pone de ejemplo que nuestra mente debería ser como agua quieta, limpia y calmada, de manera que podamos estar enfocados y al igual que el agua, amoldarnos a las circunstancias.

Para lograr ese estado de calma, el método se basa en que todas las tareas por hacer deben archivarse en un lugar externo a nuestra mente, un lugar que se nos haga fiable y cómodo como agendas, archivos, computadoras, tablets y teléfonos, entre otros.

Así evitaremos el estrés y la preocupación que se origina cuando olvidamos hacer algo, además de permitir que llevemos un orden diario de las tareas por hacer o de las tareas que se pueden desechar, permitiendo un mejor manejo del tiempo y de sí mismo.

¿Cómo funciona el *GTD* en la productividad del trabajo?

El *GTD* funciona desde abajo hacia arriba, esto quiere decir que se empieza por las tareas que se deben hacer en el momento o que son más inmediatas y luego se prosiguen con las que son a largo plazo. Así se pueden controlar las tareas del día a día.

Este método tiene dos estructuras importantes:

Control: Donde se organizan todas las tareas y compromisos pendientes.

El lograr tener esta sensación de control, permite centrarse en las acciones a tomar. Pero para conseguir esa sensación se deben cumplir 5 etapas:

Recopilar toda la información y tareas a realizar, colocándolas en una memoria externa como las anteriormente mencionadas.

Procesar toda la información recopilada, es decir, ejecutar las tareas y compromisos.

Organizar, qué tareas han quedado pendientes y qué información debe archivarse o desecharse.

Evaluar todo lo que se hizo.

Realizar, es decir, que todo el proceso de control se haya completado de forma eficiente en las tareas que se debían completar.

Perspectiva: De acuerdo con *David Allen*, tener perspectiva nos permite estar seguros de que nuestras acciones nos están guiando por el camino correcto.

De ahí que se tomen en cuenta estos 6 puntos o niveles necesarios para tener perspectiva:

Acciones, hacer cualquier trabajo que se puede realizar al instante, en un mismo lugar y de una vez.

Proyectos, son todos aquellos en los que se necesite realizar más de una acción para obtener un resultado.

Áreas de enfoque y responsabilidad, define todas las tareas y compromisos con los que se está comprometido a diario.

Metas y objetivos, que rigen cuáles son los pasos a seguir para ir adonde se quiere llegar y cómo se van a cumplir las tareas.

Visión, permite saber cuáles son los lineamientos en el trabajo y la vida, así como de lo que se quiere lograr a largo plazo.

Propósitos y principios, para saber el porqué de las cosas que estamos haciendo, así como también los comportamientos que nos rigen.

Ley del 80/20

La ley del 80/20 es también conocida como la *"Ley de Pareto"*, llamada así por el economista italiano que la descubrió *Vilfredo Pareto*.

Esta ley se basa de forma general en que el 80% de una acción equivale al 20% de los resultados.

Pareto utilizo estos números para explicar el desequilibrio económico que había, no solo en Italia, sino también en otras sociedades, ya que según sus observaciones el 20% de la población tenían el 80% de riquezas, concluyendo que ninguna sociedad es equilibrada.

Esta ley es usada frecuentemente a nivel empresarial, aunque es posible aplicarla a nivel personal.

Cualquiera que sea el área de trabajo o tipo de empresa, esta ley se hace aplicable y factible, ya que el principio de *Pareto* va a permitir a dicha empresa obtener la mayor ganancia con el menor esfuerzo y sin malgastar recursos que le lleven a resultados no deseados.

Si se desea aumentar la productividad en una empresa utilizando esta ley, se debe tener en cuenta el área en que se va a aplicar.

Por ejemplo en el **Tiempo:**

Es sabido que en muchas ocasiones se pierde la planificación que se ha trazado para el día porque nos desviamos a otras actividades que no representan la minoría de las actividades que nos conducirán a la mayor ganancia.

Así, debemos tener en cuenta que el 20% del tiempo que usemos producirá el 80% de resultados y estos a su vez, puede que sean buenos o no, dependiendo del esfuerzo que se haya hecho durante el tiempo de trabajo.

Hablar de minoría de actividades o elementos, permite descartar todos los demás elementos que no nos llevan a conseguir el resultado que deseamos o cambiarlos de forma que se hagan más productivos.

En el caso de una empresa, por ejemplo, por lo general habrá una minoría de clientes que represente la mayoría de las ventas y por tanto, de las ganancias.

Otro ejemplo sería la minoría de elementos que representen la mayoría de las quejas de los clientes.

Como puedes ver, hablar en estos términos le da una idea a la empresa de cómo avanza en sus diferentes sectores.

La forma más inteligente de aplicar el principio de *Pareto* sería priorizando.

Es decir, una vez confeccionada la agenda diaria se deben organizar todas las tareas, de manera que se puedan completar aquellas se hace que sean imprescindibles y que a su vez representen el 20% del total de los pendientes.

De este modo se pueden priorizar las tareas y terminarlas antes de que termine el día.

Claro está que, el hecho de que se le preste atención a un grupo de tareas específico, no quiere decir que se deba olvidar el resto de la agenda. Al contrario, la idea es que todo se pueda llevar a cabo en el tiempo justo y que aquello que a la larga no sea importante o no esté produciendo ganancias, se pueda modificar.

Para ello, es bueno poner horarios que hagan tanto de la empresa como de los empleados, un elemento de producción.

Horario Ideal Biológico

¿Cuántas veces te has encontrado con que estás haciendo un trabajo o una actividad y terminas dejándolo a un lado por el cansancio?

Si es así, es momento de conocer tu horario ideal biológico.

El concepto de "horario ideal biológico" fue acuñado por el empresario e ingeniero *Sam Carpenter* en su libro *"Work the System"* y se refiere a conocer las horas del día en que se tiene más energía y por ende, se puede ser más productivo.

Por supuesto, la hora a la que una persona alcanza su máximo de energía no es igual para todo el mundo.

Para comenzar a reconocer tu horario ideal biológico, se aconseja que dejes a un lado las bebidas con cafeína, los excesos de azúcar y comiences a despertar sin la ayuda de una alarma, es decir, que te despiertes naturalmente.

Todo esto va a permitir a tu cuerpo un descanso adecuado, lo que conlleva a que puedas identificar con facilidad las horas o intervalos del día en los que tienes más energía, así como también en las que te concentras más fácil.

Es importante que, al menos durante un mes, lleves un registro diario de cómo te sientes en cada hora con el fin de determinar las horas exactas de mayor energía.

Beneficios del horario ideal biológico:

Si conoces tu horario ideal biológico, puedes tener en cuenta esas horas de energía y concentración para convertirlas en horas de productividad y hacer las tareas o actividades de tu agenda que demanden un mayor compromiso y concentración.

Es muy importante que durante este periodo procures no tener o tener el mínimo posible de distracciones, ya que así puedes sacarle el máximo provecho a tu periodo de productividad.

Después, durante las horas en que sabes que tienes menos energías, puedes hacer trabajos que requieran de un menor esfuerzo o concentración por tu parte, como por ejemplo revisar tus correos.

Ten en cuenta que tu energía va a depender de distintos factores no solo del descanso sino también de tu alimentación y las actividades que realices.

Trabajos tradicionales vs trabajos modernos:

Actualmente es muy común observar empresas que permiten a sus empleados trabajar desde casa, así como otras en las que cuentan con espacios de recreación y relajación para que sus empleados se relajen al máximo y recuperen energías, por ejemplo *Microsoft*, *Apple* o *Google*.

Esto es debido a que, con la globalización a nivel empresarial, al tener un horario flexible y la posibilidad de relajarse, los empleados ponen en práctica y aprovechan mejor su horario ideal biológico, lo que para la empresa se traduce en un mejor aprovechamiento de sus recursos humanos y por lo tanto, en ganancias.

Mientras, en los trabajos tradicionales se cumple un horario con una cantidad determinada de horas, donde los empleados probablemente lleguen a un punto en el que no poseen la misma energía y por lo tanto, se comienzan a dejar las tareas a un lado o no se hacen con la misma concentración y dedicación que se podría.

Por ello, conocer el horario biológico ideal es otra herramienta más que se puede aprovechar para mejorar la productividad del día a día.

Recapitulando

Algunos dirán que la productividad de un trabajador a distancia se reduce porque tiene muchos elementos a su alrededor que lo distraen, como los niños, el televisor, las tareas diarias del hogar, etc.

Sin embargo, existen varias herramientas y técnicas que puede usar para garantizar su rendimiento y está en la astucia del líder, la tarea de formarlo en este aspecto:

Adherirse a una rutina: Mantener un horario de trabajo para así dividir lo que es el tiempo laboral del personal.

Tener un espacio de trabajo en casa bien establecido: Habilitar un espacio en casa para uso exclusivo del trabajo. La cama o la mesa de comer no sirven.

Ajustar el entorno: El ambiente debe ajustarse al trabajador y a sus necesidades.

Dormir bien: El insomnio atenta contra la productividad.

Almorzar: Trabajar en casa te tienta a comer de forma poco nutritiva y desordenada. Una alimentación adecuada mantiene la salud y la energía necesaria para cumplir los objetivos laborales.

Tomar recesos: Los niveles de foco y bienestar se aumentan si una persona toma varios recesos cortos a lo largo de su jornada laboral.

Recursos útiles:

Para complementar esta lectura, aquí te dejo algunos sitios web de referencia:

pomodorotechnique.com

gettingthingsdone.com

En los últimos años se han desarrollado técnicas que ayudan a la concentración y al aumento de la productividad en el área laboral y que resultan muy útiles si se aplican al trabajo desde casa.

El máximo complemento que llevará la Productividad del equipo al siguiente nivel será, sin duda, las Herramientas a implementar que te muestro a continuación…

CAPÍTULO VIII.

LAS HERRAMIENTAS

Cuando decidí lanzarme al mundo del emprendedor, éramos tres personas solas con montones de ideas para llevar adelante una empresa.

Yo buscaba freelancers, los entrevistaba, escribía mis notas y decidía quiénes harían cada uno de los trabajos necesarios.

Al comienzo, éramos pocos y podía manejar el trabajo organizándome con una sencilla agenda en la que anotaba mis pautas y fechas de entrega. Pero poco a poco mi equipo fue creciendo y decidí que, si quería mantener la calidad del trabajo, debía buscar ayuda.

Busqué el apoyo en mi esposa, que formaba parte ya del proyecto y con quien me dividí el trabajo, yo atendía unas pautas y ella otras y además, estábamos en el mismo lugar físico.

Cada uno trabajaba desde su ordenador y nos sentábamos una vez por semana para cuadrar las pautas, por lo que, aunque seguía dependiendo de mi agenda, ahora también necesitaba del correo electrónico para poder mantener comunicación por escrito de lo que estaba pasando.

A los meses, la carga de trabajo aumentó y el equipo tuvo que crecer en concordancia. No podíamos manejar la cantidad de proyectos y personas que estaban comenzando a trabajar con nosotros y mucho menos, abordar largas entrevistas personales con cada uno.

Así fue cómo me aventuré a ser el líder de mi propio Equipo Virtual y tan solo esa tarea me consumía la carga de trabajo de tres días completos por semana.

Me gustaba mucho el trabajo de mi nuevo equipo y estaba satisfecho con su forma de trabajar y su productividad, ya que eran jóvenes comprometidos con su trabajo y conmigo. Sin embargo, había algo que no era capaz de manejar, la pequeña agenda que siempre me acompañaba.

Mi método de organización se quedó corto y comencé a saturarme de correos electrónicos, chats en *Skype*, llamadas que interrumpían en cualquier momento del día y mensajes de texto.

Resultado, no sabía qué tarea le había asignado a cada quién y con frecuencia confundía los plazos de entrega.

Sabía que si seguía así, la productividad de todo el equipo se vería comprometida por mi desorganización y si quería que mi Equipo Virtual y por ende, mi empresa tuvieran éxito, debía implementar nuevas herramientas que hicieran que el flujo de trabajo siguiera su curso de manera sencilla y sin complicaciones.

Organizando al Equipo Virtual en proyectos

Para salir del enredo en el que me había metido, contraté los servicios de microconsulting de Clarity.fm.

Charlé con un especialista en *Project Management* y la primera conversación que tuve con él fue reveladora.

El consultor me explicó que debía organizar mejor mi plan de trabajo y que para lograrlo, existen muchísimas opciones digitales y gratuitas que impulsarían mi negocio hacia el éxito.

Lo primero que me recomendó fue la implementación de un software de manejo de proyectos (*PMS* por sus siglas en inglés).

Los *PMS* son programas que tienen la capacidad de ayudar a organizar planes, manejar las herramientas de recursos y desarrollar esos recursos de forma ordenada y eficiente.

Un programa de este tipo puede manejar y rastrear horarios, controlar costos y presupuestos, asignaciones, comunicaciones, toma de decisiones, sistemas de administración, compartir archivos, diseñar diagramas, integrar correos electrónicos y analizar riesgos, entre otras cosas.

Pero antes de buscar un *PMS*, debes responderte unas preguntas:

"¿Qué tamaño tiene el proyecto en el que voy a trabajar?"

"¿Cuántas personas estarán trabajando en este proyecto?"

"¿Necesito tener acceso a Internet?"

"¿Cuánto dinero puedo invertir en esto?"

Teniendo estas preguntas claras, es el momento de decidir qué tipo de *PMS* se necesita, si uno *web-based* (también conocido como *SaaS*) o uno *hosted* (*on-site*).

Los web-based o SaaS solutions

Son más populares entre empresas pequeñas como la mía, ya que buscan mantener los costos bajos sin sacrificar la eficiencia.

Entre sus ventajas destacan los bajos costos y el acceso móvil y los más conocidos son:

Asana.com

Basecamp.com

Trello.com

Teamwork.com

También existen *PMS wiki-based*, que ofrecen beneficios similares de colaboración y conferencia que se pueden compartir y alimentar entre todos los participantes del equipo.

La idea es revisar las opciones más populares y con mejores rankings y, de acuerdo a las necesidades de la empresa, escoger la que mejor se adapte al equipo.

Chats Internos

Otra herramienta que me recomendó mi asesor fue el uso de chats internos, que no son más que salas virtuales de conversación en las que participan todos los integrantes de un Equipo Virtual.

Entre los más conocidos y mejor puntuados por los emprendedores se encuentran:

HipChat

Esta herramienta permite construir salas alrededor de equipos de trabajo funcionales y une a personas para conversaciones específicas.

Uno de los "juguetes" de esta herramienta es que se le puede integrar *bots* y enviar *gifs* entre los compañeros.

Slack

Es otro de los chats internos recomendados.

Este chat tiene una interfaz muy sencilla de usar, que permite subir links y archivos que se muestran online y además, todas las conversaciones se pueden recuperar en cualquier momento.

Sistemas de teléfono virtual

La tercera herramienta que podía utilizar para organizar mi trabajo es un sistema de teléfono virtual, que no es más que una plataforma de comunicación diseñada para empresas que requieren una variedad de servicios de llamadas y mensajes.

La diferencia entre este servicio y el teléfono tradicional es que el teléfono virtual (o sistema *VPBX*) es completamente virtual y se puede usar desde los smartphones o las computadoras.

Muchos servicios *VPBX* están diseñados para que las *startups* se mantengan comunicadas de forma eficiente y al menor costo posible.

El más común de estos servicios es *Skype*, un servicio online en el que se pueden realizar llamadas, videoconferencias y mensajería instantánea. Sin embargo, *Skype* no es la única plataforma de videollamadas, también están:

Zoom.us

Es un servicio online de videollamadas gratuito, que permite la interacción de hasta 15 personas.

De acuerdo con su sitio web, esta plataforma combina videoconferencias en la nube, reuniones online, mensajes de grupo y una sala de conferencias en un mismo lugar.

Entre las características que más les gustan a sus usuarios está la capacidad de poder compartir la pantalla del ordenador con los demás miembros del grupo.

Gotomeeting.com

Es un servicio creado para que los miembros de los Equipos Virtuales se contacten entre sí o con sus clientes a través de salas de conferencias.

La plataforma permite realizar reuniones por vídeo, intercambiar archivos e integrar otras herramientas como *Salesforce, Outlook, Gmail* y otras.

Al igual que *Zoom.us*, permite ver la pantalla de los demás usuarios y puede ser usada en computadora o dispositivos móviles.

Uberconference

Similar a estas dos anteriores, permite conferencias web, compartir documentos, compartir pantallas, datos de análisis web, grabación de llamadas, llamadas en conferencias y más...

Otra de las recomendaciones de mi consultor fue la aplicación de herramientas para crear un sistema de reconocimiento entre mis empleados como por ejemplo:

Kudos

Es una red social corporativa que compromete a los empleados y los une en conexiones con la cultura corporativa. La idea es tener una forma divertida de reconocer las virtudes y logros de los trabajadores.

En *Kudos* se pueden instalar *bots* y usar *Karmabot*, una divertida extensión que permite darles karma a los empleados.

Por último, una de las herramientas más usadas por las empresas es:

Google Apps for Work.

Bajo esta denominación, *Google* agrupó todas las herramientas que ayudan a la administración de proyectos:

Gmail, *Hangouts*, *Calendar*, *Drive*, *Docs*, *Formularios*, *Presentaciones*, *Vault*, *Consola de Administración*, etc.

Google Apps es una de las herramientas más completas para administrar proyectos y también de las más usadas, dado que la interfaz de *Google* es sencilla y conocida, lo que permite a las personas sentirse muy cómodas implementándolas.

Una de las limitaciones de todas estas herramientas es que suelen interferir con los sistemas de seguridad de las grandes empresas. Sin embargo, una de las características de los emprendimientos y las *startups* es su apertura a las tecnologías y las herramientas online.

Al final, descubrí que no existe una sola herramienta y por tanto, se pueden combinar de acuerdo con las necesidades y presupuesto de la empresa y obtener lo mejor de las que se contraten o usar solo las gratuitas y aprovecharlas al máximo.

Una recomendación extra: Intenta integrar al equipo a la hora de decidir qué herramientas de administración de proyectos usar. A mí me resultó genial para no tener que imponer una u otra herramienta que luego hubiera que cambiar.

Todos las probamos y luego se determinó cuáles tenían las interfaces más cómodas para todos.

La tecnología es nuestra gran aliada

El uso de tecnología enfocada en las comunicaciones y la organización entre los miembros de un equipo es fundamental en el éxito que un grupo de trabajo a distancia pueda tener.

A primera vista, se piensa en los métodos tradicionales de comunicación: teléfono, teleconferencias, mensajes de texto y envío de e-mails. Sin embargo, en un Equipo Virtual, estos métodos, aunque efectivos, pueden resultar muy engorrosos.

¿Por qué?

Porque al final del día, los trabajadores han hecho y recibido decenas de llamadas y tienen en su bandeja entre 60 y 200 correos electrónicos, que hasta pueden contradecirse o quedar desactualizados para el momento en que se visualizan.

Una medida inteligente para paliar estos problemas, es hacer uso de las herramientas disponibles.

Compartiendo el conocimiento

Una tendencia que ha tenido mucho auge para comunicarse entre Equipos Virtuales es el uso de *wikis*.

Una *wiki* es una página web muy sencilla en la que cualquier persona puede publicar o editar publicaciones ya escritas.

El primer ejemplo en el que la mayoría de las personas piensa cuando se habla de *wikis* es *Wikipedia*.

Esta enciclopedia virtual, de la que ya te hablé al principio de este libro, permite que los usuarios colaboren en la generación de contenido y editen contenido que no sea correcto o preciso.

Eso hace que en la actualidad, *Wikipedia* esté entre los 20 sitios web más visitados en todo el planeta.

El uso de *wikis* también se puede aplicar a las empresas que tienen empleados trabajando en la oficina y además resulta particularmente beneficioso cuando están fuera de sus oficinas.

Amanda Kooser, en su texto *Get wiki with that*, explica que el uso de *wikis* tiene dos principales beneficios:

Aumenta la productividad del grupo y su participación en la mejora de los procesos

Actúa como una base de conocimiento del negocio, donde la información es fácilmente colgada en la web y de fácil acceso para todos los miembros del equipo.

En cierto sentido, los wikis enfocados en procesos aprovechan la facilidad de uso y el espacio compartido para permitirle a un grupo de personas ver lo que cada persona está pensando y haciendo. De esta manera, se garantiza una correcta comunicación y mutua colaboración entre todos los miembros del equipo.

Empresas como *Automattic*, utilizan Blogs con este mismo objetivo.

Probablemente, no todas las empresas precisen usar *wikis,* pero es menester para aquellas que generan mucha documentación a través de sus grupos y que están orientadas a proyectos en equipos o buscan un ambiente de escritura colaborativa.

El reto de los *wikis* está en crear un proceso exitoso y enfocado en que todos los miembros del equipo mantengan al resto al tanto de las actividades que está ejecutando cada uno, más allá de quedarse estancados en opinar acerca de un solo *wiki*.

Entre los usos de los *wikis* en las empresas, la empresa *Richard Carter Consultancy* destaca:

Para la documentación de un producto: Mantener actualizada de forma online la información de un producto.

Wikis como intranet: Compartir los proyectos específicos en los que un equipo está trabajando dentro de una organización y como un portal de información para todos los empleados.

Como herramienta de marketing: Implementado correctamente, puede ayudar a colocar mejor un sitio web en los motores de búsqueda de Internet.

El sitio web *Arstechnica* explica que el uso de *wikis* solo está limitado por la imaginación de la comunidad que los use y proponen varios usos de acuerdo con su función:

Para individuos: Como herramienta de productividad, para *brainstorming*, como creación y edición de contenido y como seguimiento de proyectos.

Para grupos pequeños: Para planeamiento colaborativo, captura de conocimientos, portal de comunicación y herramienta de revisión.

Grupos de interés especial: Como espacio común para compartir conocimientos y como herramienta de investigación.

Intranet: Para la colaboración, *database*, herramienta de productividad, gerencia de proyectos, manejo de reuniones y minuta, herramienta de creación de contenido y mecanismo de entrega de contenido.

Grandes grupos abiertos: Para la captura de conocimiento, colaboración, generación de contenidos y herramienta de investigación.

Google Sites

Cuando se habla de globalización de empresas, una de las cosas que primero viene a la mente es la información y la conexión, tanto de la empresa con el exterior como entre los distintos miembros que la conforman.

La comunicación entre los miembros de la empresa es importante, puesto que permitirá que la misma se desarrolle y entre en competencia con otras, ya que se intercambian ideas que favorecerán la innovación y la vanguardia.

Cuando se quiere lograr la comunicación entre distintos miembros de una empresa es cuando entra en juego el concepto de "Intranet" que es la red de comunicación que se desarrolla dentro de la empresa.

En este plano, todos los miembros pueden colocar información, imágenes, vídeos y todo lo que sea necesario intercambiar, para mantener un flujo constante de información y actualidad de todos los procesos que se están llevando a cabo.

Google Sites es una *app*, como muchas otras, que sirve de herramienta para llevar a cabo lo anteriormente planteado.

https://apps.google.com

Lo que debes saber de Google Sites...

Google Sites te permite crear una página web que puede adaptarse a lo que desees: puede ser una página de negocios, privada o educativa entre otras.

Al ser así, se puede crear una página web simple sin la necesidad de que se codifique en HTML ni tener conocimientos de ese tipo y tampoco requiere de ningún software o hardware.

Además, dado el uso que se le da a esta *app*, las páginas web pueden ser de carácter público o *wikis*, lo que quiere decir que cualquiera puede editar información y participar en la página siempre que el administrador quiera.

Por todo esto, *Google Sites* es una herramienta de mucho acceso y desarrollo para las empresas.

La creación de un *Google Site* es muy sencilla.

Lo primero es crear una cuenta de *Google Apps* y escoger la opción "Empresas y empleados".

Luego hay que ir al enlace "Edición equipos" y se introduce la dirección de correo electrónico de la empresa y a partir de aquí, ya se puede comenzar a usar la página web contando con un espacio disponible de 100 MB.

Si una empresa necesita programar reuniones, hacer anuncios, dar a conocer diversas informaciones o está llevando a cabo un trabajo que requiere de la colaboración de distintos departamentos, las páginas web de *Google Sites* aportan ese punto de vanguardia y desarrollo necesarios para la comunicación.

Ni que decir tiene que en la página creada en *Google Sites*, no solo se pueden subir archivos o anuncios, también funciona bien para vídeos, imágenes e incluso calendarios. Todos estos artilugios se conocen como *gadgets*.

Otra de las ventajas en cuanto al uso de esta *app* es que permite a los empleados trabajar desde donde se encuentren, siempre que posean un dispositivo que tenga acceso a Internet.

Esta característica en particular, junto con otras herramientas de productividad, permite al empleado alcanzar su máximo potencial, lo que se traduce en un mejor aprovechamiento de recursos humanos, tiempo y ganancias para la empresa.

Las páginas web se pueden personalizar.

Es decir, cuando se accede a crear una página, viene con elementos preestablecidos que permiten que se maneje de forma fácil.

Pero todos esos patrones preestablecidos se pueden cambiar si se quiere, de esta manera, se puede personalizar con el logo y los colores propios de la empresa.

La privacidad también es parte de la personalización de la página, ya que se puede llevar un control de quienes editan la página. Esto último representa además un control de seguridad para la empresa.

Cabe destacar que por medio de los informes que genera *Google Analytics*, otra herramienta de *Google*, la empresa puede consultar y controlar el acceso a la página.

Otra característica que favorece el uso de los *Google Sites* como herramienta de trabajo y desarrollo para las empresas, es que son completamente gratuitos.

Como ya te he dicho anteriormente, tan solo basta con crear una cuenta en *Google* para poder usar la *app* y crear tu propia página web sin ningún costo.

Con todo lo descrito no es raro ver cómo, cada vez más, las empresas van tomando los *Google Sites* como herramienta para la centralización de la información y el propio desarrollo de sus empleados.

Trabajar con *Google Sites* como herramienta de intranet, permite al empleado sentirse cómodo e incluido en todo lo que respecta a la empresa, lo que genera un sentido de pertenencia que va a repercutir en lograr los objetivos, tanto diarios como a largo plazo, y va a mantener una conexión entre todo el equipo de trabajo.

Sobre todo si está ante un proyecto que requiera de la colaboración de varios.

La utilización de los *Google Sites* ayuda, además, a que los empleados se puedan desenvolver con los trabajos de la empresa desde donde se encuentren sin que se les deba abarrotar los correos con notificaciones, documentos, imágenes y demás, que fácilmente pueden ser colocados en la página web y manejarse de forma sencilla.

Los documentos pueden estar en cualquier formato ya sea Word, PowerPoint y Excel, entre otros.

Por ser una herramienta de *Google* se encuentra relacionada con las demás *apps* de esta misma empresa, lo que implica una mayor abertura para poder relacionar a todos tus empleados.

Si, por ejemplo, un departamento necesita una información específica, cualquiera puede acceder a la información interna de la página o buscar en las distintas herramientas de *Google* y hacérselo llegar al empleado o departamento.

Esto sería una muestra de cómo los *Google Sites,* no solo mejoran la comunicación, sino que también optimizan el tiempo de trabajo y desarrollo de las distintas áreas de la empresa, lo que a largo plazo se va a traducir en productividad y mejor desenvolvimiento, además de estar totalmente capacitada para competir y a la altura de su competencia.

Cabe destacar que una empresa puede utilizar más de una página en *Google Sites* y no tienen que tener las mismas características.

Es decir, si la empresa tiene una página pública donde pueden acceder personas que nada tienen que ver con la empresa, también puede tener páginas privadas con un grupo selecto de personas.

En definitiva, las posibilidades de desarrollo para la empresa por medio de *Google Sites* son infinitas.

El éxito de las Herramientas para el trabajo en equipo

Cuando comienzas un trabajo con un Equipo Virtual, inicias una etapa llena de reuniones y correos electrónicos. Por ello, distintas empresas han desarrollado recursos con los que vas a poder disminuir las reuniones y los correos electrónicos que recibirás, además de ahorrar tiempo y optimizar las actividades que se llevan a cabo.

Asana, *Github* y *Slack* son un buen ejemplo de este tipo de recursos.

Usando estas aplicaciones en conjunto, se puede mantener el control de las actividades del sector que está bajo tu jurisdicción, además de hacer la experiencia de trabajo lo más eficiente posible. Dejemos que su éxito hable por ellas mismas:

Asana

Esta herramienta es una pequeña maravilla que facilita el trabajo en todos los sentidos, dado que se trata de una herramienta colaborativa para equipos de trabajo.

Se especializa en el control de correo electrónico, organización de proyectos, intercambio de información con compañeros de equipo y asignación y recepción de parámetros para la realización de tareas.

Todas estas funciones se van actualizando en tiempo real.

Podría profundizar aún más en todas y cada una de las utilidades que puede cumplir este recurso, ya que puede llegar a ser muy versátil en el ambiente corporativo.

En definitiva, *Asana* resulta increíblemente útil para muchas empresas.

Aquí te muestro varios testimonios en los que la utilización de *Asana* se ha traducido en éxito total:

El caso Mashable

Fundado en el año 2005, es uno de los 10 blogs de noticias más importantes de Internet, de hecho, está ubicado en el puesto 346 del Ranking Mundial de *Alexa*.

Este blog fue lanzado gracias al sueño del joven *Pete Cashmore*, que en ese entonces tenía tan solo 19 años.

Como tenía un poco de experiencia trabajando en blogs, decidió poner en marcha su propio proyecto, en el que publicaba 1 o 2 artículos diarios.

Poco a poco el blog fue creciendo, así que fue necesario formar paulatinamente un equipo de trabajo.

En la actualidad el blog está valorado en 200.000 millones de dólares y recibe 50 millones de visitas mensuales, así que ya te podrás imaginar la cantidad de personas que integran el equipo de trabajo de Mashable y lo difícil que puede ser llegar a manejarlas.

La verdad es que gracias a *Asana*, eso no es un problema para las cabezas que dirigen el blog:

"A medida que los equipos producían más material, fue necesario crear más equipos, así que era mucho más difícil manejarlo todo.

Este hecho nos hizo migrar a Asana, esta plataforma se extendió y se convirtió en una parte necesaria de todo el proceso que rodeaba a la empresa.

Este programa se comenzó a usar en algunos equipos, luego en los proveedores y así fue aumentado su uso.

El siguiente uso que le dimos a Asana fue el de correo electrónico (desde ese momento hasta la actualidad lo seguimos usando).

Finalmente, no solo usamos Asana para que nos ayude a completar tareas, sino que en él se encuentra un enorme historial de todo lo que hemos hecho usando Asana durante este montón de años.

Sí, se volvió un aliado más."

Darren Tome, Vicepresidente de *Mashable.*

Salvando a Udacity

Udacity es una organización educativa con ánimos de lucro, en la que hay unos 25 cursos online.

Esta organización educativa fue fundada en el año 2011 como resultado de la mejora de un curso de informático gratuito dictado por la universidad de *Stanford*.

En esta plataforma de aprendizaje hay inscritos actualmente casi medio millón de estudiantes, lo cual necesita un trabajo grupal intenso para mantenerla:

"Esta es la nueva manera de brindar la educación, lo cual amerita una gran empresa.

Al comienzo, durante la creación de los primeros cursos, las hojas de cálculo y los primeros documentos, la plataforma fue difícil de manejar, además de que las bandejas de entrada de los correos se desbordaban continuamente.

A medida que creció nuestro sitio, crecieron nuestros cursos y nuestro sistema de Udacity se volvió casi inestable, porque no lográbamos tener orden en nuestras actividades.

Para que nuestro sistema se pudiese mantener, era necesario encontrar algo que nos pudiese ofrecer el orden necesario que requiere este tipo de sistema y la respuesta a nuestros problemas la hallamos en Asana.

Esta aplicación salvó a nuestra plataforma."

Stuart Frye, Líder de Desarrollo de Negocios de *Udacity*.

GitHub

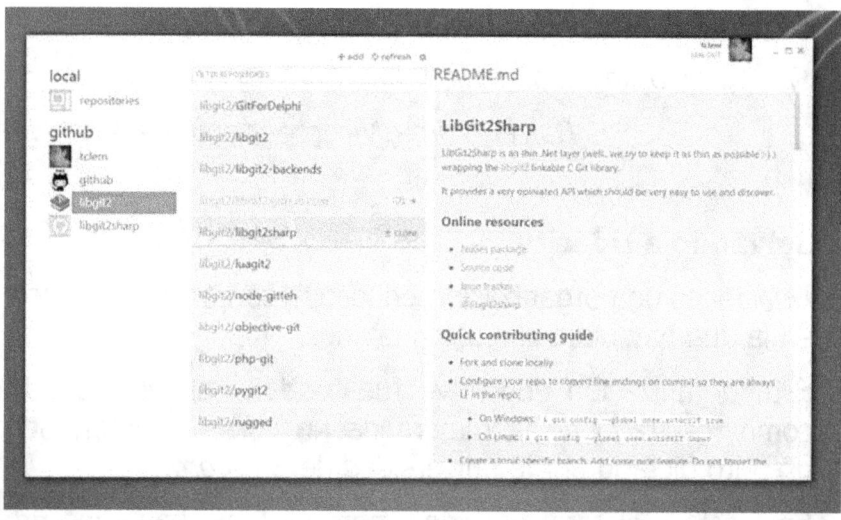

Github es uno de los sistemas de control de versiones más usados en el mundo gracias a que cuenta con un sistema de alojamiento de código que funciona como pocos.

Este programa es excelente para el trabajo en equipo porque, además de la función principal que lleva a cabo, cuenta con un *wiki*, un sistema de seguimientos de problemas y una herramienta de revisión de código.

Esta herramienta es de las más potentes de su clase. Veamos cómo les ha ido a algunos de sus reconocidos usuarios:

HootSuite encontró su medalla de oro

HootSuite es una plataforma de medios sociales integral que cuenta con más de 700 empleados y 10 millones de usuarios.

Hasta el 2009 era una herramienta básica de *Twitter*, pero logró crecer lo suficiente como para independizarse.

El crecimiento de esta plataforma fue imparable, así que el equipo de desarrollo debió establecer unas normas, para lo cual era necesario realizar algunas operaciones que los llevaron a usar *GitHub* como herramienta de gestión de su crecimiento a partir del año 2014.

Hootsuite emigró a *GitHub* pensando en el mejor interés de su trabajo y en la realización de avances futuros. El código se trasladó poco a poco para evitar problemas, pero cuando estuvo consolidado por completo en *GitHub* el trabajo se volvió mucho más eficiente y sencillo:

"Para los que trabajan con código abierto y para un gran número de organizaciones de desarrollo de software, el estándar en el que se encuentra GitHub es equivalente al estándar de los medallistas de oro dentro de los deportes."

Geordie Henderson, Vicepresidente de Desarrollo de Software de *HootSuite*.

Llegando a destino con Trainline

Trainline es una tienda online de venta de billetes de tren en Reino Unido, a través de su aplicación móvil, desde su página web y por llamadas telefónicas.

A pesar de que en la actualidad se venden más de 1,6 millones de libras esterlinas mensualmente por esta aplicación, en sus inicios solo era un *call-center* mediante el cual se resolvían los problemas que presentaban algunos billetes de tren.

El hecho de evolucionar y poder prestar mejores servicios hizo que tuviesen que migrar su plataforma y perfeccionarla.

Ahí es donde apareció *GitHub*.

Trainline necesitaba APIS que se adaptaran a los servicios que les gustaría ofrecer y *GitHub* fue quien les dio esa posibilidad mientras se acoplaba con el resto de las herramientas que se usaban en el desarrollo de esta aplicación:

"Yo quería una plataforma flexible que pudiera automatizar el servicio y capaz de llevar a Trainline a lo más alto.

GitHub es la única con la que se puede obtener un beneficio de ese tamaño."

Frederik Brysse, Arquitecto en Jefe de Software de *Trainline.*

Slack

Esta es una de las herramientas de comunicación que, en mi opinión, deberían usar todas las empresas sin importar que sus equipos sean virtuales o no.

Se utiliza para centralizar las comunicaciones, funcionando como una especie de *"WhatsApp"* profesional que permite integrar otras herramientas de trabajo, como *Google Drive* o *Asana,* en él.

Slack ha crecido tanto, que actualmente está valorada en casi 3 billones de dólares.

Esto me lleva a pensar que, si una empresa llega a ser tan valiosa es porque tiene millones de usuarios y si tiene millones de usuarios es porque el servicio que presta es realmente bueno.

Pero veamos algunas experiencias de quienes han usado *Slack* en sus proyectos:

Do Something.org

Esta es una organización sin fines de lucro que cuenta con más de 4,3 millones de miembros jóvenes provenientes de 130 países distintos.

Las campañas de esta organización se basan en lograr cambios para intentar tener un mejor mundo y han realizado muchas campañas de recolocación de ropa para donar a personas de bajos recursos.

Para que esta organización funcione correctamente, es necesario que los miembros de la misma se mantengan correctamente comunicados y por ello, esta increíble organización ha encontrado en *Slack* la herramienta de comunicación que necesitaba.

En ella crean todos los canales que les hace falta, separados en distintos grupos como: comercialización, ingeniería, diseño y equipos de producción:

"Tenemos personal trabajando en muchas calles de Nueva York, las calles de otras ciudades del país e incluso, algunos que son útiles prestando apoyo desde sus hogares.

La idea es que todos se mantengan en contacto sin problemas y gracias a Slack puedo detectar y manejar cualquier problema técnico que pudiese ocurrir en las campañas, incluso aquellos que ameriten encontrar rápidamente a una persona adecuada para ayudar a proporcionar una solución.

Hay muchos voluntarios con muchas habilidades y cuando ocurre un problema, tenemos la absoluta seguridad de que encontraremos, tras un par de mensajes en Slack, al voluntario correcto."

Adam Garner, Gerente de Campaña de Dosomething.org.

The Times and Sunday Times

Es el diario nacional de mayor antigüedad en Reino Unido.

Este periódico es bastante tradicional y no es conocido por hacer grandes innovaciones en el campo digital, pero pese a eso, durante los últimos años el equipo de desarrollo de material digital está trabajando fuertemente para comenzar a hacer periodismo digital de clase mundial.

El inicio del proceso de elaboración y mejora de contenido digital moderno, se desarrolló con muchas trabas debido a que las reuniones de estos equipos se hacían diariamente en forma presencial, lo que no es una mala manera de intercambiar ideas, pero lamentablemente no es la más rápida.

El equipo probó con varias aplicaciones de mensajería para mejorar la comunicación, pero la verdad es que ninguna dio en el clavo.

Hasta que un día decidieron darle la oportunidad a *Slack*.

Esta aplicación se integra con el resto de las herramientas que ellos usan (*Dropbox, Trello, Jira*, etc.) mientras logra la calidad de comunicación que ellos desean.

El éxito de *Slack* en este equipo fue tal, que en la actualidad muchos equipos se han sumado al uso de este programa:

"Más equipos, proyectos y conversaciones comenzaron a aparecer en Slack.

Muchos de ellos se iniciaron en grupos privados y luego se cambiaron a los distintos canales.

Este proceso se dio porque los equipos se dieron cuenta de que mientras las discusiones se daban por esta vía, aumentaba la eficiencia del trabajo al ahorrar mucho tiempo.

Actualmente el 40% de nuestras conversaciones ocurren en Slack, ahí se indica la ruta de los productos, el diseño de los mismos, el progreso gradual de cada equipo, etc."

Matthew Taylor, Editor de Producción Digital de *The Times*.

El Laboratorio de propulsión a chorro de la NASA

La misión de este laboratorio es la de construir un software que controlará un vehículo para explorar el planeta Marte en el año 2020.

Este laboratorio cuenta con 5.000 trabajadores repartidos en 110 edificios.

La comunicación por correo electrónico era increíblemente desastrosa, hasta que un pequeño grupo que trabajaba en uno de estos tantos edificios comenzó a usar *Slack*.

A partir de ahí, tuvieron una calidad comunicacional que no tenía ningún otro grupo.

No se abarrotaban los buzones de e-mails, la comunicación se daba en tiempo real y si por algún motivo algún miembro se perdía una actividad, solo revisaba el historial de Slack y se ponía al día.

En cuestión de pocas semanas, el grupo de más de 5.000 personas comenzó a usar *Slack* y a dejar de perder tiempo con otros métodos de comunicación.

A messaging app for teams who put *robots* on *Mars!!*

NASA's Jet Propulsion Laboratory is one of tens of thousands of teams around the world using **Slack** to make their working lives simpler, more pleasant, and more productive.

https://www.techcentral.co.za/my-year-of-slack/62278/

Estas son algunas de las herramientas más utilizadas en las empresas contemporáneas y cada vez mejoran más la organización de equipos virtuales y su comunicación.

Luego de terminar de leer esta sección, lo ideal es dedicarse a explorar todas y cada una de estas herramientas.

Existen muchas más, además de las que he nombrado, de hecho, podría escribir un libro completo solo hablando de ellas. Lo importante es que todas son sencillas de manejar, muy intuitivas y podrían ayudar a trazar el camino al éxito de cualquier equipo virtual.

Otras herramientas que puedes investigar:

Basecamp: https://basecamp.com

Trello: https://trello.com/

Teamwork: https://www.teamwork.com/

Jira: https://es.atlassian.com/software/jira

Hipchat: https://www.hipchat.com/

Skype: https://www.skype.com/es

GoToMeeting: https://www.gotomeeting.com/

Zoom.us: https://zoom.us/

Uberconference: https://www.uberconference.com/

Webex: https://www.webex.com/

GoToWebinar: http://www.gotomeeting.es/webinar

Kudos: http://www.kudosnow.com/

El e-mail se nos ha quedado corto y aunque muchas de estas herramientas entren en conflicto con algunas políticas de seguridad de las empresas, en mi opinión, hoy en día vale más la innovación en función de la productividad que puede conseguirse utilizándolas, que algunas medidas que han quedado desactualizadas.

CAPÍTULO IX.

EL PLAN

En el mundo de negocios contemporáneo las empresas deben procurar tener al personal más capacitado para sus negocios y así ganar la denominada guerra de talentos y para ello, tenemos las herramientas al alcance de un clic.

En esta "guerra", las empresas no deben detenerse porque el trabajador que necesitan vive lejos de su sede. De hecho, de no haberme adaptado, jamás habría podido fundar *Educatemia* desde Malasia.

Además, existen muchas maneras de formar grupos o confiar en freelancers capacitados en áreas muy específicas, para impulsar el éxito de un negocio.

En resumen, primero hay que definir la estrategia de negocio implementada a esos trabajadores a distancia.

Luego, debemos centrarnos en buscar un método de comunicación que sea funcional para todos, que permita generar confianza hacia y entre el equipo e implementar herramientas que fomenten la interacción.

En esta época hay que experimentar, cambiar el paradigma y olvidar que los trabajadores deben trabajar de 9 a 17 al alcance de nuestra vista.

Ahora, los líderes deben fomentar que el personal a su cargo trabaje por objetivos, de forma eficiente y en el menor tiempo posible.

Así se ahorran tiempo y dinero y se gana productividad y desarrollo laboral.

Con el personal capacitado y las herramientas correctas, el éxito está garantizado. Pero para que las empresas puedan incorporar una fuerza de trabajo virtual o bien, tener un 100% del Equipo Virtual, es necesario:

Educación de Management Virtual: Saber que un Equipo Virtual se maneja de forma diferente, no de la manera tradicional de: *"Yo soy el jefe y tengo un montón de freelancers trabajando para mí"*, sino que somos un equipo.

Educación de Comunicación Virtual: Usar las herramientas es clave para que todo funcione y no perder tiempo.

Políticas de IT Nuevas: Algunas políticas empresariales como no compartir pantallas, no permitir capturas de pantalla, etc. para evitar espionaje, quedan un poco desactualizadas. Es necesario renovarse y confiar en el personal.

Cambio de Mindset general: Enfocarse de otra forma, pujar por ser más productivos, mejorar la comunicación de equipo, generar conocimiento (protocolos de cómo se hacen las tareas), estar dispuesto a elegir y probar gente antes de que sean empleados.

Como ya hemos visto, no es lo mismo que mirar un currículum porque al freelancer lo puedes probar y tener una mentalidad más flexible para el empleado, ya que puede trabajar a distintas horas y no tener que cumplir con un horario preestablecido, sino trabajar por objetivos.

Esto favorece la creatividad, la creación de una cultura de empresa y la participación y aporte de todos.

El mercado laboral nos está cambiando

El mercado laboral cambió y de acuerdo con las perspectivas, este cambio es definitivo.

Nos encontramos en la época de la *gig economy* y tenemos que afrontar esta evolución.

El 77% de los freelancers asegura que los mejores días para ellos aún están por llegar y estoy seguro de que tienen razón.

Esto no quiere decir que todos los empleados del mundo dediquen todo su tiempo a trabajar por horas o proyectos para los clientes que los contraten.

Muchos tendrán sus trabajos *full* o *part time* y en su tiempo libre, trabajarán como freelancers también.

Es una nueva era para las empresas.

Cada día son más las *startups* y emprendimientos que surgen en el mercado empresarial, pequeñas empresas con muy pocos teletrabajadores, pero con grandes ideas, en las que cuantos mayores riesgos se tomen, mayores serán los beneficios.

La clave en el éxito de muchas nuevas empresas está en la implementación de freelancers en su equipo de trabajo.

Los nuevos líderes están conformando sus empresas basándose en Equipos Virtuales porque les resulta más rentable y les asegura un personal que experto en lo que hace, que está al día con las nuevas tendencias de su profesión y altamente apasionado por su trabajo.

El mercado laboral evolucionó, le dio un cambio radical al mindset y descubrió que podía generar más ingresos invirtiendo menos dinero y tiempo y ayudando además, a solucionar problemas puntuales de la sociedad usando Equipos Virtuales altamente cualificados.

Sin embargo, para tener éxito en la conformación de un Equipo Virtual se debe tener un plan, apegarse a él y hacerlo flexible para que pueda cambiar de acuerdo con las circunstancias a las que se enfrenten tanto el equipo como la empresa.

Educación de management virtual

Manejar un Equipo Virtual es complicado porque el líder debe lograr coordinar a varias personas que probablemente no estén en el mismo huso horario y tengan culturas diferentes.

El reto es hacer que ese equipo logre crear empatía entre ellos y con el proyecto y establecer una cultura organizacional que los defina.

Existen diez aspectos esenciales, en mi opinión, que deben aprenderse y estudiarse con detenimiento para manejar un Equipo Virtual de forma exitosa:

1. Reunir al equipo de forma física al comienzo del proyecto

Establecer aunque sea un contacto cara a cara, sentará las bases de la relación laboral y creará confianza ya que los miembros se conocerán entre sí y a la empresa para la que ahora trabajan.

Si esto no es posible, el líder debe crear esas bases de forma virtual con el uso de herramientas diseñadas tal fin.

2. Clarificar tareas y procesos, además de objetivos y roles

Enfocar la atención en los detalles de la tarea y los procesos necesarios para cumplirlos.

Además, aclarar los procesos de trabajo, especificando quién hace qué, evaluar el proceso de las tareas e identificar ajustes al proceso.

3. Establecer una forma precisa de comunicación

Al igual que en los trabajos presenciales y *full time*, la comunicación es fundamental para que un Equipo Virtual tenga éxito.

En las relaciones virtuales, el reto comunicacional consiste en transmitir información de forma clara, precisa y útil.

El líder debe establecer un manual de comunicación en el que establezca normas de comportamiento al momento de comunicarse, horarios para hacerlo y vías a utilizar de acuerdo con las circunstancias (teléfono, e-mail, chat, videoconferencia...).

4. Apoyarse en las mejores tecnologías de comunicación

No siempre la última tecnología es la que funciona mejor con el equipo que se lidera.

La cabeza de proyecto debe ser capaz de estudiar la mejor alternativa tecnológica para su equipo, es decir, aquella que cumple con el objetivo principal (comunicarse) y que todo el equipo se sienta cómodo con ella.

5. Construir un equipo con ritmo

La mejor manera de lograr que el equipo vaya a un mismo ritmo es implementando rutinas de trabajo como reuniones virtuales el mismo día de la semana y a la misma hora, acuerdos claros en los protocolos de comunicación y un horario definido para hacerlo.

6. Usar un solo idioma

Si el equipo virtual está conformado por personas que hablen diferentes idiomas o pertenezcan a culturas distintas, establece desde un principio una lengua que todos hablen y entiendan. Es decir, establecer guías de comunicación en las que se definan las palabras más usadas y su correcto significado.

7. Crear un water cooler virtual

El *water cooler* no es más que ese espacio en la oficina en la que los empleados coinciden y pueden hablar de temas relacionados, o no, a su trabajo.

El área del café, el bebedero de agua, la zona de fumadores, etc., suelen ser los lugares en los que surgen las mejores ideas y soluciones para resolver problemas.

En el caso de los Equipos Virtuales, existen herramientas que ayudar a crear estos espacios, softwares que funcionan como *water coolers* o redes sociales internas diseñadas para esto.

El líder también puede apoyarse en su propia imaginación para propiciar estos encuentros.

8. Aclarar compromisos y hacerles seguimiento

Para los líderes de los Equipos Virtuales, resulta difícil comprobar qué está haciendo cada miembro del equipo.

Una de las formas de lograrlo es establecer hitos intermedios para cada tarea y así hacer seguimiento de sus logros.

9. Compartir el liderazgo

Buscar maneras que involucren a otros miembros del equipo en el liderazgo.

Por ejemplo, hacer que entre los propios miembros se entrenen y que cada uno le enseñe a los demás algo que sea útil para completar sus tareas. Así el equipo se sentirá más comprometido entre sí y el líder podrá delegar tareas.

10. Recordar la regla 1:1

Así como los trabajadores deben rendirle cuentas al líder, el líder debe hacer lo mismo.

Hay que crear reciprocidad entre el equipo, hacer feedback mutuo, conectarse con los intereses de los freelancers y evaluarse constantemente, siempre con la idea de mejorar el equipo.

El fin último que tiene como objetivo la educación de management virtual es la creación de una cultura de Equipo Virtual que haga que cada miembro sea productivo en sus labores y se sienta comprometido con lo que hace y con el equipo.

Educación de comunicación virtual

Como te he explicado anteriormente, la comunicación es la base fundamental de cualquier relación laboral.

En el caso de los Equipos Virtuales surge el reto de comunicarse de forma efectiva, a pesar de no tener una relación cara a cara.

Suele pasar que las comunicaciones virtuales dan lugar a muchos malentendidos, sobre todo si esas comunicaciones tienen como base los correos electrónicos o los chats, ya que se pierde una parte fundamental de la comunicación, las expresiones físicas.

Sin embargo, muchos emprendedores y empresas de comunicación han creado herramientas que tienen como objetivo mejorar las comunicaciones virtuales para hacerlas más precisas y efectivas.

El líder de un Equipo Virtual debe hacerse con las herramientas de comunicación que mejor se adapten a sus objetivos para lograr que el proyecto llegue a feliz término.

Una de las principales recomendaciones es la implementación de un software de manejo de proyectos.

Estos son programas que organizan planes, manejan las herramientas de recursos y desarrollan esos recursos de forma ordenada.

Es decir, organizan el espacio de trabajo de todos los miembros del equipo.

Estos programas manejan y rastrean horarios, controlan costos, presupuestos, asignaciones, comunicaciones, toma de decisiones y sistemas de administración, comparten archivos, diseñan diagramas, integran correos electrónicos y analizan riesgos, entre otras cosas. Es decir, sientas las bases de la ejecución del proyecto.

Si cada miembro, incluido el líder, tiene claro qué debe hacer, cómo debe hacerlo, en qué tiempo debe lograrlo y cuál es su función con relación a los otros miembros, buena parte del éxito ya está garantizado.

Para mantener una constante comunicación, el líder puede hacer uso de chats internos, que son salas privadas de conversación integradas por los miembros de un Equipo Virtual.

A través de esta herramienta, cada trabajador tiene comunicación inmediata con el resto del equipo.

Estos chats permiten, además de comunicarse de forma inmediata, guardar conversaciones, compartir links, documentos y hasta enviar *gifs*.

Una de las alternativas más usada como medio de comunicación en *equipos virtuales* es el sistema de teléfono virtual: plataformas de comunicación diseñadas para empresas que requieren una variedad de servicios de llamadas y mensajes.

Una de las ventajas de los sistemas de telefonía virtual es que se puede instalar en cualquier dispositivo móvil.

El uso de las videollamadas es muy popular entre los Equipos Virtuales, ya que es un método que permite "verse las caras" al hablar, lo cual complementa cualquier comunicación.

Además de videollamadas, estas plataformas también permiten realizar conferencias web, compartir documentos, compartir pantallas, datos de análisis web, grabación de llamadas y más.

Como se puede ver, no hay excusas para que el equipo virtual no se comunique efectivamente. La clave está en utilizar las herramientas que ya existen y sacarles el mejor provecho.

Estas herramientas se aprovechan mejor si se combinan y se adaptan a la cultura del equipo.

El objetivo de implementar estas herramientas en los sistemas de trabajo es no perder tiempo con malentendidos.

Políticas de IT nuevas

Si el líder del Equipo Virtual estuvo al mando de grupos tradicionales de trabajo, con seguridad tendrá que desprenderse de algunas prácticas que antes le resultaban comunes, pero que no van acorde con la tendencia de manejo de equipos a distancia, y adoptar otras que le resultarán chocantes al principio, pero que le asegurarán que el equipo funcione de forma ideal.

Una de esas prácticas que debe adoptar es la implementación de políticas de IT nuevas.

En las compañías tradicionales, las gerencias de seguridad y sistemas no suelen permitir que los empleados instalen softwares que podrían servirles para optimizar sus trabajos, pero no están autorizados por la empresa, argumentando que así se protegen del espionaje.

Entre esos softwares están aquellos que permiten hacer capturas de pantalla, compartir pantallas con otros compañeros de equipo o el uso de redes sociales para comunicarse con el resto del mundo.

Sin embargo, el uso de herramientas que permiten compartir documentos y pantallas es fundamental para la comunicación eficaz de los Equipos Virtuales, pues si dos o tres personas de un equipo están a cargo de una tarea específica y deben ver en conjunto lo que están haciendo, compartir pantallas les dará una idea precisa de cada paso que se va tomando, mientras que comunicarse por llamada y hasta videollamada, resultaría muy complicado en este caso.

Al igual que sucede con estas herramientas, muchas empresas tradicionales vetan el uso de redes sociales bajo el argumento de que el empleado "perderá tiempo" en estas plataformas y será menos productivo.

En el caso de los Equipos Virtuales, las redes sociales, comunes o privadas, les brindan la oportunidad de establecer las relaciones interpersonales que no tienen al no trabajar en una oficina.

Estas redes pueden funcionar como el *water cooler* que se mencionó antes.

Los espacios para interactuar con otras personas, les brindarán a los miembros de Equipos Virtuales un lugar para despejarse y pasar un buen rato con sus compañeros de equipo.

Además, permitir que los freelancers usen estas herramientas les dice de tu parte: *"confío en ti y en tú trabajo. Por eso formas parte de mi equipo"*.

Cambiar el mindset

Uno de los aspectos más resaltantes del trabajo en Equipos Virtuales es el cambio de mindset o forma de pensar.

Un líder debe enfocar su empresa y su equipo de una manera distinta a lo que lo haría si estuviese en una empresa tradicional, con trabajadores fijos y que trabajaran *full time*.

En los emprendimientos y empresas conformadas por Equipos Virtuales, la contratación de personal normalmente no está a cargo de un departamento de Recursos Humanos, sino que corre por cuenta del dueño de la empresa.

Esta persona debe estar al tanto de las nuevas tendencias en la contratación de personal freelancer y estar abierto a buscar personal en cualquier parte del mundo, porque sabe que lo que necesita es al mejor profesional posible que desarrolle esa tarea que requiere.

No importa si la empresa está en Argentina y el freelance está en México, porque a través de las herramientas antes mencionadas podrán trabajar en equipo y lograr el objetivo.

Para los jefes virtuales, probar al personal resulta mucho más sencillo que para las empresas tradicionales, ya que cuando cree que una persona es ideal para su equipo, lo puede probar asignándole una tarea sencilla y corta que aporte algo al proyecto general.

Así evalúa sus conocimientos, desempeño y forma de ser y decide si es la persona ideal o no. Si no lo es, le paga por sus servicios, da por terminada la relación y no pasa nada.

Los líderes deben determinar planes de trabajo muy concretos y específicos para garantizar el éxito de su proyecto.

Utilizando protocolos para la ejecución de tareas, genera conocimientos y logra que los miembros de su equipo sean cada vez profesionales más capacitados para los cargos que se les asigna.

Además, debe ser muy flexible con las herramientas y horarios de trabajo.

Debe comprender que los freelancers se mueven en un mundo móvil, que se caracteriza por el uso de dispositivos como computadoras portátiles, tablets y smartphones.

Es decir, los miembros de los equipos virtuales nunca están en un solo sitio. Pueden estar en constante movimiento y aun así, cumplir con sus tareas a cualquier hora y desde cualquier lugar.

Estas libertades que tiene el trabajador a distancia, garantizan que se sienta cómodo y comprometido con lo que hace, pues tan solo necesita pautas claras, planes de trabajo y métodos establecidos de comunicación. El resto corre por su cuenta.

Si está cómodo, está comprometido y es más productivo y para el líder del equipo, tener trabajadores comprometidos se traduce en que las tareas serán ejecutadas correctamente y lograrán el objetivo final, que no es exclusivamente cumplir con el proyecto, sino haber creado una cultura de empresa en el equipo de trabajo a distancia, que es confiable, productivo y de altísima calidad.

EPÍLOGO

Mariano Gentilin Ph.D.[*]

La Empresa Ubicua es sencillamente un libro novedoso y práctico.

Es novedoso porque el estilo de gestión que predica está acorde a las necesidades y desafíos que las organizaciones deben y deberán afrontar para hacer frente al desarrollo de las nuevas tecnologías y es práctico en el sentido más obvio del término, porque es un libro que busca ser útil y replicable, con una gran orientación a la acción.

El principal propósito es transmitir una serie de prácticas, técnicas y metodologías para **posibilitar la gestión de la empresa de manera remota.**

El mundo está cambiando y con ello, la forma en que interactuamos.

No se trata solo de un **cambio tecnológico**, sino también **social y cultural**.

Lo que antes significaba solo un medio de comunicación, hoy se ha transformado en un medio para generar nuevas experiencias y vivencias.

Internet no solo comunica, sino que a través de este nos relacionamos, interactuamos, generamos amistades, producimos bienes, proporcionamos servicios y además, las personas se auto realizan, se integran socialmente y construyen identidad.

Esto ha posibilitado el surgimiento de las organizaciones virtuales, como es el caso de la empresa ubicua, una entidad que tiene todos sus integrantes dispersos geográficamente y que a través de las TIC, se comunican e interaccionan de manera relativamente intencionada hacia la consecución de los fines empresariales.

El hecho de que todos los integrantes de la organización se encuentran en diversos países no significa que sea un proyecto efímero, temporal u ocasional, al contrario, estamos hablando de organizaciones completamente reales y con equipos de trabajo 100% virtuales que se vinculan de manera remota.

He estudiado a *Educatemia*, la empresa ubicua fundada por Juan, durante casi 3 años como parte del programa de Doctorado en Estudios Organizacionales y por tal motivo, soy un gran conocedor de lo que en este libro se transmite.

Juan Martitegui, no solo es un gran apasionado del teletrabajo, además y fundamentalmente, es un gran emprendedor y visionario que busca desarrollar nuevos estilos de gestión combinando aspectos como productividad, flexibilidad y nuevas tecnologías.

Gran parte de lo que se transmite en este libro es lo que cotidianamente se pone en práctica en *Educatemia*, una empresa que ha logrado alcanzar el éxito con un equipo de trabajo que opera de manera 100% virtual a través de Internet, ya que todos sus integrantes y los equipos de trabajo, se encuentran dispersos geográficamente en países de Latinoamérica, así como en España y Estados Unidos y llevan a cabo sus actividades por medio de sistemas y procesos online.

El trabajo virtual, teletrabajo o trabajo a distancia, se concibió por primera vez en la década de los 70 por el científico *Jack Nilles*, quien se dedicó a estudiar la aplicación de las nuevas tecnologías al trabajo como respuesta a una fuerte crisis petrolera y ambiental que aquejaba a Estados Unidos en esos tiempos.

El principal lema de este científico era *"acercar el trabajo al trabajador y no el trabajador al trabajo"*, lo que representó un primer reto para la gestión de las organizaciones, liderar personas que uno no puede ver.

Hoy en día, con el gran avance de las TIC el desafío es mucho mayor porque, no solo se limita a la difícil tarea de gestionar personas que no se ven, sino que además se agrega un factor de vital importancia: **la diversidad cultural.**

Este tipo de empresas operadas de manera remota a través de las TIC, se caracterizan por presentar un alto grado de multiculturalidad debido a que la virtualidad hace posible acceder a recursos humanos de diversas latitudes, sin que estos deban estar limitados a un determinado radio geográfico o cercanía con la sede de la empresa, lo que representa un gran beneficio para las compañías, pero también un gran desafío.

No solo se trata de gestionar personas a distancia, sino que también se agrega el condicionante de lidiar con diversas culturas y con ello, distintas costumbres, modelos mentales, creencias, comportamientos, etc.

En este sentido, y buscando respuestas a estas necesidades, es por lo que Juan presenta este libro que va mucho más allá de lo que implica trabajar de manera virtual.

La Empresa Ubicua es un libro que, como mencioné al inicio, es novedoso, práctico y tiene un propósito bien claro: **transmitir un conjunto de enseñanzas** a diversos líderes de empresas que deseen beneficiarse de las potencialidades del teletrabajo y de los Equipos Virtuales, sin perder habilidades de gestión y control.

* Mariano Gentilin es Licenciado en Administración de la Universidad Nacional de La Plata, Argentina.

Magister en Estudios Organizacionales de la Universidad Autónoma Metropolitana, México.

Ph.D. en Estudios Organizacionales de la Universidad Autónoma Metropolitana, México y Ph.D en Administración de la Universidad EAFIT.

Actualmente es Profesor e Investigador de tiempo completo en el área de Organización y Gerencia de la Universidad EAFIT en Colombia.